LENA MERZ & ANNINA SCHÄFLEIN

ZUCKERFREI

für Babys und Kleinkinder

Ohne Zucker
schmeckt's besser

LENA MERZ & ANNINA SCHÄFLEIN

ZUCKERFREI

für Babys und Kleinkinder

Ohne Zucker
schmeckt's besser

FOTOS: MEIKE BERGMANN

INHALT

AB BEIKOSTREIFE

AB PINZETTENGRIFF

MIT ETWAS ÜBUNG

FÜR KLEINKINDER

Diese Wertmarken zeigen dir bei jedem Rezept, ab wann du das Gericht deinem Baby oder Kleinkind anbieten kannst.

Bei vielen Rezepten findest du außerdem diese Icons:

- glutenfrei
- milcheiweißfrei
- vegan

LIEBE ELTERN,

immer, wenn das Thema »zuckerfrei« aufkommt, ist schweres Seufzen zu hören. Wir alle wissen, Zucker ganz zu vermeiden ist nahezu unmöglich – zumindest in unserer modernen Gesellschaft mit Kita, Ausflügen, Restaurants und Co. Kein Zoo bietet zuckerfreies Eis an, an keinem Strand gibt es Waffeln ohne das weiße Gold. Ja, nicht einmal in der Kita wird komplett darauf verzichtet. Wer also strikt sein will, muss mit vielen Verboten und »Neins« leben. Das ist weder schön noch harmonisch.
Und genau deshalb gibt es dieses Buch. Wenn ihr mit unseren Rezepten für euren eigenen Alltag, für eure Feiern und eure Brotboxen zuckerfrei kocht und backt, dann fällt das Eis im Zoo oder die Torte bei Tantes Geburtstag nicht mehr so ins Gewicht. Immer selbst backen, kochen, ständig alles mitschleppen? Nein, das raten wir nicht. Das ist im Alltag einfach unrealistisch. Wir wollen Leichtigkeit und mit unseren Rezepten zeigen: Es kann ganz einfach sein!

In diesem Buch findet ihr Ideen mit nur drei Zutaten, die ganz schnell gehen, aber von Kindern geliebt werden. Außerdem findet ihr aufwendigere Torten, Backwaren und Mahlzeiten, etwa zum ersten Geburtstag, für die Osterfeier oder das Familienwochenende. Dabei sind unsere Rezepte so flexibel wie immer – saisonales Obst, wechselnde Nüsse und Mehle. Nimm ruhig das, was du gerade zuhause hast. Manchmal ist es vielleicht auch nur eine Idee – wie man Zuckerstreusel, Kaba oder Schokosauce zuckerfrei ersetzen kann. Nehmt für euren Alltag das mit, was für euch gut passt.
Vielleicht hilft euch auch einfach das theoretische Wissen, um den eigenen Zuckerkonsum besser einschätzen und Kleinigkeiten zu ändern. Vor allem aber: Lasst es euch und euren Kindern schmecken!

Herzlich,

annina & Lena

ZUCKER – NOTWENDIG ODER BEKANNTES ÜBEL?

WAS IST ZUCKER?

Sagen wir »Zucker«, denken wir an das süße Pulver in unseren Küchenschränken. Aber Zucker ist nicht auf diese Kristallform beschränkt. Es gibt viele Formen von Zucker, der zur Obergruppe der Kohlenhydrate gehört.
Chemisch betrachtet kann Zucker als Einfachzucker, Zweifachzucker oder Mehrfachzucker vorkommen. Einfachzucker besteht aus nur einem Baustein, dem Zuckermolekül. Er kommt beispielsweise als Glukose (Traubenzucker) oder Fruktose (Fruchtzucker) vor, die natürlicherweise auch in Obst enthalten ist. Saccharose (Haushaltszucker) sowie Laktose (Milchzucker) sind Zweifachzucker, hier hängen immer zwei Zuckermoleküle zusammen. Er steckt etwa in Milch, Milchprodukten sowie Backwaren und Süßigkeiten. Bei den Mehrfachzuckern schließlich hängen viele Zuckermoleküle aneinander – wir kennen sie auch als Kohlenhydrate. Zu ihnen zählt unter anderem Stärke, die wir beispielsweise in Getreide, Kartoffeln und Hülsenfrüchten finden.
Diese verschiedenen Zuckerformen unterscheiden sich aber nicht nur in Aussehen und Vorkommen, sondern vor allem darin, wie der Körper sie aufnimmt. Während Einfachzucker direkt verdaut wird und schnell ins Blut ge-

langt, müssen Zweifach- und Mehrfachzucker zunächst in ihre Einzelteile zerlegt werden. Je länger die Kette der Glukosemoleküle ist, desto länger dauert das Zerlegen, desto langsamer steigt der Blutzuckerspiegel und desto länger sind wir satt.

BRAUCHT UNSER KÖRPER ZUCKER?

Zucker, also Glukose, ist ein wichtiger Energielieferant für den Körper. Vor allem das Gehirn benötigt Glukose, um zu funktionieren – ein erwachsenes ca. 100 g Glukose am Tag, ein kindliches zwischen 15 und 30 g Glukose. Auch der Körper braucht Zucker, um zu funktionieren. Er wandelt im Blut vorhandene Glukose in Energie um. Im Gegensatz zum Gehirn ist der Körper aber in der Lage, auch auf andere Weise Energie zu gewinnen, nämlich durch die Umwandlung von Fett. Ist mehr Glukose im Blut vorhanden, als wir gerade benötigen, wird es in Leber und Muskeln als Glykogen zwischengespeichert. Sind die Speicher voll, wird es als Fett bevorratet und kann später wieder in Energie umgewandelt werden.

Merke:
Der Körper braucht Glukose, also Zucker, um zu überleben. Nur nicht aus weißem Haushaltszucker, sondern besser aus langkettigen Kohlenhydraten.

WAS IST »GESUNDER« ZUCKER?

Kohlenhydrate in Form von Obst, Gemüse, Getreide, Pseudogetreide, Hülsenfrüchten, Nüssen sowie Milchprodukte kommen in einer natürlichen Verpackung daher – damit ist das Gemüse im Ganzen, das Getreidekorn oder die Kidneybohne gemeint. Die enthaltenen Zucker müssen erst einmal »ausgepackt» werden: Wir kauen, speicheln ein, schlucken, zersetzen im Magen und verdauen. Weil das länger dauert, wird die Energie langsam und gleichmäßig vom Körper aufgenommen. Obst und Gemüse bieten neben Fructose auch noch Ballaststoffe, Vitamine, Mineralstoffe, Eiweiß und sekundäre Pflanzenstoffe. Zucker, der also verpackt bzw. eingebunden ist, stellt für den Körper kein Problem dar, sondern ist ein wichtiger Nährstoff. Zugesetzter Zucker dagegen ist direkt verfügbar und wirkt sich unmittelbar auf den Blutzuckerspiegel aus.

WARUM IST ER SCHÄDLICH?

Zugesetzter Zucker kann schnell ungesund werden. Vor allem deshalb, weil wir von ihm viel mehr essen können, also von der verpackten Version. Zugesetzte Zucker sind leere Kalorien, denn sie liefern außer Geschmack keine weiteren Bestandteile. Wichtige Nährstoffe fehlen komplett, wir werden nicht mit Proteinen, Ballaststoffen, Vitaminen und Mineralstoffen versorgt. Stattdessen fördert zugesetzter Zucker Karies, Übergewicht und ist letztlich dafür verantwortlich, dass wir immer mehr wollen.

Wie schädlich sind kleine Mengen? Wir wollen dir kein schlechtes Gewissen machen, wenn du, deine Familie oder dein Kind Zucker esst. Wir und unsere Kinder essen auch Zucker! Aber es kommt immer auf die Menge an. Jeden Tag, mehrmals am Tag, egal ob in fester oder in flüssiger Form, ist Zucker tatsächlich einfach ungesund. Wenn aber mal ein Eis, eine zuckerreiche Torte oder Ketchup gegessen wird, ist das vollkommen in Ordnung. Je öfter zuckerfrei gegessen wird bzw. mal ganze Tage ohne Zucker stattfinden, umso besser ist das für unsere Gesundheit.

VERSTECKTE ZUCKER ERKENNEN

VERSPRECHEN UND REALITÄT

»Zuckerfrei«, »zuckerarm«, »zuckerreduziert«, »ohne zugesetzten Zucker« – sicher kennt ihr solche und ähnliche Begriffe von Produktverpackungen. Sie alle versprechen gesündere Lebensmittel. Dabei sind die Claims rechtlich genau definiert – in einem »zuckerarmen« Produkt dürfen immerhin 5 g Zucker pro 100 g zugesetzt werden.
Wollen wir also Zuckerfallen oder auch nur kleine Mengen zugesetzten Zuckers erkennen, bleibt uns einzig der Blick auf die Nährwerttabelle. Denn in der EU ist es Vorschrift, dass Zucker gekennzeichnet wird. Für die erste Einordnung hilft eine einfache Regel: Je kürzer die Zutatenliste, desto gesünder ist meist das Produkt. Eine Paprika etwa besteht zu 100 Prozent aus Paprika. Paprikamark aus der Tube dagegen kann Zucker, Salz, Essig oder Konservierungsstoffe enthalten. Produktetiketten helfen uns also dabei, den zugesetzten Zucker und dessen Menge zu erkennen.

ZUGESETZTEN ZUCKER ERKENNEN

Dass Zucker nicht nur der weiße Haushaltszucker ist, habt ihr bereits gelesen. Die Industrie verwendet ihn in vielen unterschiedlichen Formen, sowohl flüssig wie auch als Pulver. Je nach Form und Herkunft kann Zucker auf den Produktetiketten viele Namen haben, etwa Dextrose, Glukose, Gerstenmalzextrakt, Invertzuckersirup, Rohrzucker, Laktose, Maltodextrin, Dextrin, Maltose, Raffinose, Saccharose, Süßmolkepulver ... Hinzu kommen noch andere Arten von Zucker wie Honig, Agavendicksaft, Fruchtdicksaft, Fruchtsaftkonzentrat oder chemisch-synthetische Süßungsmittel wie der bekannte Süßstoff Aspartam.

Auch an der Nährwerttabelle können wir erkennen, ob Zucker zugesetzt wurde. Hier müssen nicht nur die Kohlenhydrate ausgewiesen sein, sondern als »davon Zucker« auch ihre Zuckeranteile.

Tipp:
Achtet beim Kauf eines verarbeiteten Produkts auf folgende Kriterien:
- Zucker steht weit hinten in der Zutatenliste.
- Die Zutatenliste ist kurz.
- Es sind keine unverständlichen Begriffe enthalten.
- Es kommen natürliche Zutaten vor und keine E-Nummern.

Augen auf: Zucker hat viele Namen!

ZUCKERBOMBEN UND IHRE ALTERNATIVEN

Leider gibt es einige Lieblingsprodukte, die viel Zucker enthalten. Je öfter wir diese selbst machen, umso besser. Denn eine selbstgemachte Pizza kann mit 0 Prozent Zucker auskommen, während eine TK-Pizza ca. 8 g Zucker enthält. Diesen Produkten solltet ihr besondere Aufmerksamkeit schenken:
Ketchup hat oft einen hohen Zuckeranteil. Auch Kinderketchup wird stark mit Agavendicksaft oder Honig gesüßt. Besser selbst machen und zum Verfeinern des Geschmacks nur ganz wenig Dattelsüße oder Trockenfrüchte einsetzen.
Auch **Toastbrot** ist uns bisher nur mit zugesetztem Zucker über den Weg gelaufen. Das

selbstgemachte Weizen-Vollkorn-Toast in diesem Buch kommt deshalb komplett ohne zugesetzten Zucker und (fürs Baby) auch ohne Salz aus und schmeckt auch noch richtig gut.
Müsliriegel sind knusprig und knackig – dank der verschiedenen Arten von zugesetztem Zucker. Auch unsere selbstgemachte Variante enthält Fruchtmark und Trockenfrüchte, aber eben in kleiner Menge und in Kombination mit Gemüse und nährstoffreichen Saaten.
Auch **Saft** ist eine wahre Zuckerbombe, denn hier fehlen die Ballaststoffe des Obstes. Außerdem umspült der Zucker im Mund schön die Zähne. Deshalb: Wenn ihr Saft anbieten wollt, dann am besten als Fruchtsaftschorle mit Wasser im Verhältnis 1:5.
TK-Pizza, aber auch die Fast-Food-Äquivalente Pommes, Burger und Nuggets, enthalten gekauft nahezu immer Zucker. In der eigenen Küche könnt ihr sie zwar nicht ganz so schnell, dafür komplett zuckerfrei und sogar ohne Zusatz von Zuckeralternativen zubereiten.

Zuhause, für die Kita und auch auf dem Spielplatz entscheiden wir, was in die Trinkflasche oder Brotdose kommt. Bei einem Restaurantbesuch dürft ihr, je nach Alter des Kindes und eigenem Ermessen, auch Ausnahmen erlauben. Saftschorlen können direkt so bestellt werden, dass mehr Wasser verwendet wird (das gilt auch für Limonade). Und natürlich kann euer Kind ab einem gewissen Alter eine Kugel Eis essen, wenn ihr unterwegs seid. Zuhause könnt ihr dann auf unsere selbstgemachten Alternativen zurückgreifen und mit Streuseln aus gefriergetrockneten Früchten punkten.

ZUCKER ERSETZEN

»NATÜRLICHE« SÜSSE AUS DEM VORRAT

Für die Rezepte in diesem Buch haben wir statt Haushaltszucker, Süßungsmitteln oder Zuckeralternativen vorwiegend pflanzliche Lebensmittel zum Süßen genutzt. Allerdings geht es uns nicht darum, die volle Süßkraft des Kristallzuckers zu erreichen. Alle Rezepte haben eine stark reduzierte Süße, damit auch die restlichen Geschmackskomponenten zur Geltung kommen können.

Zum Süßen unserer Rezepte nutzen wir gerne **Obst, Beeren und Fruchtmark** wie Banane, Apfel- und Birnenmark, Himbeeren und Blaubeeren. Auch Gemüse wie Möhren oder Süßkartoffeln sorgen für einen süßen Geschmack. Püriert oder als 100-Prozent-Säfte kommen sie außerdem zum Süßen von Backwaren und Co. zum Einsatz. Außerdem eignen sich gefriergetrocknete Früchte perfekt als Snacks oder farbiges Topping.

Trockenfrüchte wie Datteln, Aprikosen, Pflaumen, Rosinen oder Feigen können kleingeschnitten oder zur Paste püriert genutzt werden. Auch Dattelsüße (getrocknete und zu Pulver gemahlene Datteln) ist ein tolles Süßungsmittel für Kuchen und andere Backwaren – wir verwenden sie in einigen Rezepten in

diesem Buch. Trockenfrüchte enthalten nicht nur Süße, sondern auch Mineral- und Ballaststoffe sowie Vitamine.
Auch **Kerne und Nüsse**, etwa Cashewkerne, Kokos, Mandeln oder Erdmandel, geben gemahlen oder als Mus einigen Backwaren oder Aufstrichen eine süße Note. Auch als Mehl süßen sie Teige von Brötchen, Waffeln oder auch Torten.
Auch **Gewürze** ergänzen eine feine Geschmacknote mit leichter Süße. Wir verwenden hierfür sehr gerne Ceylon-Zimtpulver und gemahlene Bourbon-Vanille.

Je bunter, desto nährstoffreicher! Ein regenbogenbuntes und saisonales Angebot sorgt für große Nährstoffvielfalt.

NÄHRSTOFFREICHE LEBENSMITTEL

In unserem Vorratsschrank nicht fehlen dürfen außerdem Lebensmittel, die viele Nährstoffe enthalten.

Gemüse

Kürbis, Paprika und Co. sind ein wichtiger Teil einer ausgewogenen Ernährung. Wer Gemüse gleichzeitig zum Süßen nutzen möchte, kann auf Möhren, Pastinaken, Süßkartoffeln oder Zucchini setzen. Sie eignen sich fein gerieben oder püriert perfekt für süße Teige.

Getreide

Dinkel und Weizen liefern – vor allem in der Vollkorn-Version – wertvolle Kohlenhydrate und wichtige Vitamine. Hafer- und Hirseflocken, aber auch Saaten wie Lein-, Chia- und Flohsamenschalen sind eine gute Ergänzung für das Nährstoffangebot.

Hülsenfrüchte

Kichererbsen, Linsen oder Bohnen sind nicht nur Nährstoffbomben, sondern auch perfekt geeignet, um Teigen und Co. mehr Volumen zu geben. Sie sind zum Teil geschmacksarm und eignen sich so auch als neutrale Basis für Teig, Aufstriche und Co.

Gute Fette

Fette sind essentiell für den Körper. Wichtig ist, dass wir die richtigen Fettquellen wählen. Avocado hat etwa einen neutralen, leicht süßlichen Geschmack und passt toll in süße Cremes und Aufstriche.

ZUCKER IN LIEBLINGSREZEPTEN REDUZIEREN

Ihr wollt gelegentlich auf den Lieblingsstreuselkuchen aus der Kindheit nicht verzichten oder mit Omas Originalrezept einen Marmorkuchen backen? Ihr könnt bei den meisten Rezepten problemlos den Zucker um etwa ein Drittel reduzieren, ohne dass sich viel an Geschmack oder Textur verändert. Vor allem bei Rührkuchen ist eine solche Anpassung des Rezeptes meist kein Problem. Bei anderen Rezepten kommt es auf einen Versuch an. Hier kann es auch sinnvoll sein, den Zucker schrittweise zu reduzieren, sodass ihr euch an einen weniger süßen Geschmack gewöhnt.
Und natürlich spricht auch nichts dagegen, wenn es mal ein gekauftes Stück Torte ist, das Erinnerungen weckt. Hier gibt es kein »richtig« oder »falsch«. Eine ausgewogenen Mischung und das Bewusstsein für nährstoffreiche Lebensmittel machen für uns eine »gesunde« Ernährung aus. Ja, zuckerfreies oder zuckerreduziertes Naschen sind sicherlich oft möglich. Aber wo bleibt der Genuss, wenn wir immer strikt auf etwas verzichten, worauf wir mal Lust haben? Esst das Stück Torte oder Kuchen und genießt es mit jeder Faser!

WIE VIEL ZUCKER DARF EIN KIND ESSEN?

ZUCKER IST ERLAUBT!

In der ersten Baby- und Kleinkindzeit versuchen viele Eltern, ihren Kindern nur Lebensmittel ohne zugesetzten (freien) Zucker anzubieten. Die aktuellen Empfehlungen der Weltgesundheitsorganisation (WHO) sowie der Deutschen Gesellschaft für Ernährung (DGE) besagen, dass die Menge des zugesetzten Zuckers auf weniger als 10 Prozent der Gesamtenergiezufuhr (kcal) des Tages begrenzt werden sollte, besser noch wären 5 Prozent. Als Gründe werden ein niedrigeres Risiko für Karies und eine Vorbeugung von Übergewicht und Adipositas durch ein geringeres Körpergewicht genannt. Außerdem kann auch anderen Erkrankungen wie Diabetes mellitus Typ 2, Bluthochdruck oder Herzinfarkte so langfristig vorgebeugt werden.
Wichtig ist auch, dass sich durch einen frühen Konsum von Zucker und süßeren Lebensmitteln der Geschmack verändert: Kinder gewöhnen sich an gesüßte Speisen statt an natürliche Aromen und Geschmäcker und bevorzugen auch als Erwachsene Süßes.

WAS BEDEUTET DAS KONKRET?

Der tägliche Energiebedarf orientiert sich am Alter des Kindes, an der täglichen Bewegung und Aktivitäten. Auch körperliche und geistige Entwicklung oder Krankheit haben eine Auswirkung auf den Bedarf. Wenn dein Kind im Alter von 1 Jahr bis 7 Jahren körperlich sehr aktiv ist, könnt ihr bei den 10 Prozent der täglichen Energiezufuhr von maximal 35 g Zucker pro Tag ausgehen. Würde man mit den 5 Prozent rechnen, wären es nur 18 g Zucker pro Tag. Besser vorstellen kann man sich das in Teelöffeln: Die 35 g entsprechen etwa 7 Teelöffeln Zucker, die 18 g etwa 3 ½ Teelöffeln.

ZUCKERFALLEN IM ALLTAG

Ob Fruchtsäfte und -nektar, Fertigprodukte oder Süßigkeiten – Zucker steckt in vielen Produkten, die Kindern im Alltag gerne begegnen. Auf Zuckerersatz sollte für Babys und Kleinkinder im ersten und zweiten Lebensjahr verzichtet werden.
Um den freien Zucker, den dein Kind täglich zu sich nimmt, zu begrenzen, ist es wichtig, dass dir bewusst ist, wie viel Zucker in welchen Lebensmitteln etwa drinsteckt und im nächsten Schritt, welche Alternativen du anbieten kannst.

Merke: Pro 100 g haben diese Lebensmittel etwa folgenden Zuckergehalt:
- 1 Butterkeks enthält 2 g Zucker
- 100 g Fruchtjoghurt haben 13 g Zucker
- 1 Tiefkühlpizza (Salami) enthält 12 g Zucker
- 1 Glas Limo (200 ml) enthält 22 g Zucker
- 1 Tasse Intstantee (oder fertig gesüßter Tee, 200 ml) enthält 4 g Zucker
- 100 ml Quetschie aus Obst enthalten etwa 10 g Zucker
- 100 g Ketchup enthalten 23 g Zucker

Für diese Produkte findet ihr in diesem Buch selbst gemachte Alternativen: Statt fertigem Eistee könnt ihr auf ungesüßte Früchtetees zurückgreifen, die gekühlt und mit ein paar Scheiben Orange auch als Eistee durchgehen. Auch Fruchtjoghurt, Pizza, Ketchup, Saucen und Backwaren sind schnell zuhause (auch auf Vorrat) selbst gemacht.

Der meiste Zucker steckt nicht in Süßigkeiten, sondern in Fertigprodukten.

DIE GENETISCHE VORLIEBE AUSTRICKSEN

Bestimmt hast du schon einmal gehört, dass Babys eine angeborene Vorliebe für Süßes haben. Das stimmt, außerdem wird ihre Vorliebe durch den Geschmack des Fruchtwassers und auch der Muttermilch geformt. Trotzdem können wir als Familie viel dafür tun, dass Kinder auch salzig, sauer, bitter und umami mögen. Zum einen sollten wir als Vorbilder selbst so facettenreich wie möglich essen. Damit zeigen wir, dass dieses Lebensmittel »sicher« ist. Andererseits sollten wir immer wieder verschiedene Lebensmittel auf den Tisch bringen und die Kinder diese ohne Druck kosten lassen. So können sie sich langsam und in ihrem Tempo daran gewöhnen.

Ihr als Eltern entscheidet, was ihr eurem Kind anbieten möchtet und was nicht. Und auch ob bzw. ab wann für euch der Konsum von freiem Zucker in Maßen für euer Kind in Ordnung ist. Die Menge macht das Gift! Verbote und sehr starke Maßregelungen bewirken häufig das Gegenteil – der berühmte Reiz des Verbotenen. Langfristig kann das zu einer ungesunden Einstellung zu Süßen und einer nährstoffreichen Nahrung. Ein möglicher Weg wäre, zuhause auf Zucker zu verzichten, aber für Familienfeiern eine Ausnahme zu machen.

FRÜHSTÜCK

ZUCKERFALLEN UND UNSERE ALTERNATIVEN

Die erste Mahlzeit des Tages darf möglichst nährstoffreich sein und der ganzen Familie eine gute Grundlage für den Tagesstart und Vormittag bieten. Beim Frühstück gibt es einige Zuckerfallen, in die wir im Alltag schnell tappen können oder derer wir uns vielleicht gar nicht bewusst sind.
Wir zeigen euch hier einige typische Frühstücksgerichte aus dem Supermarkt, die fast immer Zucker enthalten. Außerdem bekommt ihr von uns Inspirationen und Ideen, wie ihr das Frühstück anders gestalten könnt. Die passenden zwölf Rezepte findet ihr alle in diesem Kapitel.

TOASTBROT MIT MARMELADE

Weizentoast und gekaufte Marmelade haben meist einen hohen Zuckeranteil, bringen aber sonst wenige Nährstoffe mit: Eine Scheibe Toast enthält ca. 1 g Zucker, 1 EL Erdbeerkonfitüre etwa 8 g. Wie wäre es stattdessen mit einem selbstgebackenen Toastbrot oder Brötchen mit Schoko-Kokos-Aufstrich oder selbstgemachtem Fruchtaufstrich? Für eine Extraportion Protein bietet sich Quark als Aufstrich oder ein Joghurt an.

MÜSLI UND FRÜHSTÜCKS-CEREALIEN

Statt nährstoffarmer Frühstücksflocken und gezuckerter Cornflakes darf es gerne eine Alternative zum Frühstück sein. Wie wäre es mit einer Art »Müslibüfett« zum Selbermischen? Haferflocken mit verschiedenen Nüssen, Kernen und Saaten, frischem Obst und Joghurt sind hier eine nährstoffreichere und zuckerfreie Alternative. Je nach Alter des Kindes können Nüsse und Saaten im Ganzen, gemahlen oder als Mus angeboten werden. Wer eine warme Mahlzeit anbieten möchte, kann Porridge oder auch Grießbrei oder Milchreis mit Milch oder zuckerfreiem Pflanzendrink zubereiten und mit frischem Obst, Beeren und Nussmus toppen. Für eine intensivere Süße sorgen Trockenfrüchte wie Aprikosen, Feigen oder Datteln, die außerdem Ballast- und Mineralstoffe sowie verschiedene Vitamine enthalten.

FRUCHTJOGHURT AUS DEM SUPERMARKT

Eine gute Alternative zu den Zuckerbomben ist Naturjoghurt mit frischen Früchten oder Beeren – so kann der Zuckergehalt etwa um die Hälfte reduziert werden. Wer hier nicht täglich Obst oder Beeren frisch pürieren will, kann eine größere Mengen vorbereiten und portionsweise einfrieren. Am Abend dann einfach die Dose mit dem Fruchtmus aus dem Tiefkühler herausnehmen, mit Joghurt auffüllen und gut verschlossen im Kühlschrank aufbewahren. Nussmus ergänzt wertvolle Proteine und Mineralstoffe.

FERTIG GEMISCHTER KAKAO ODER VANILLEMILCH

Solche Getränke aus fertigem Pulver enthalten pro 200 ml meist ca. 20 g Zucker. Ihr könnt den Zuckergehalt um mehr als die Hälfte reduzieren, indem ihr die Komponenten einzeln mischt: Verrührt einfach Milch oder Pflanzendrink ohne Zucker mit gemahlener Bourbon-Vanille oder Rohkakao – das schmeckt lecker und süß.

SMOOTHIES

Häufig enthalten Smoothies (egal ob gekauft oder selbstgemacht) einen hohen Anteil an Obst und sind eine ordentliche (Frucht-) Zuckerbombe am Morgen. Den Zuckergehalt reduzieren und gleichzeitig das Nährstoffprofil erhöhen geht ganz leicht – statt ausschließlich Obst können Blattgemüse wie Spinat oder Grünkohl und anderes Gemüse wie Gurke oder Rote Bete mitpüriert werden. Als Getränke zum Frühstück – wie auch den gesamten Tag über – eignen sich Leitungs- und Mineralwasser sowie gelegentlich ungesüßte Früchtetees. Auch Infused Water kann für eine schöne Abwechslung im Glas sorgen.

Zauberküche: Wie wäre es, wenn ihr mit dem Kind gemeinsam ganz besondere Zauberrezepte in eurer Zauberküche herstellt? Überlegt euch für einzelne Lebensmittel kreative Namen und mixt dann außergewöhnliche Kreationen. So könnt ihr ein zuckerfreies Knuspermüsli herstellen, das mit Powerbeeren, Knisterflocken und Glücksbaumblättern gefüllt ist – da schmeckt das Frühstück am nächsten Tag bestimmt gleich doppelt gut!

ERDBEER-ZUCCHINI-MUFFINS

AB BEIKOSTREIFE

FÜR 12 STÜCK
15 MIN. ZUBEREITUNG
25 MIN. BACKEN

1 kleiner Zucchino
1 reife Banane
300 g Dinkelmehl (Type 630)
1 TL Weinstein-Backpulver
1 TL Natron
1 Ei (M)
60 g neutrales Öl
150 g Naturjoghurt
100 g Erdbeeren

Außerdem:
12er-Muffinblech
12 Papier-Muffinförmchen (oder Backpapierzuschnitte)

1 Den Backofen auf 180° vorheizen. Den Zucchino waschen, putzen und grob reiben. Die Banane schälen und mit einer Gabel fein zerdrücken. In einer großen Schüssel Mehl, Backpulver und Natron mischen. In einem hohen Messbecher das Ei, das Öl, die zerdrückte Banane und den Joghurt glattrühren.

2 Die Erdbeeren waschen, putzen und 1 cm groß würfeln.

3 Die Papierförmchen in die Mulden des Blechs setzen. Die flüssigen Zutaten zügig unter die trockenen Zutaten mischen, dann Zucchinoraspel und Erdbeeren untermischen.

4 Den Teig auf die 12 Muffinmulden verteilen und ca. 25 Min. im heißen Ofen (Mitte) backen. Anschließend herausnehmen und abkühlen lassen, dann die Muffins aus der Form lösen.

TIPP: Wenn größere Kinder oder Erwachsene mitessen, einfach 50 g Zartbitter-Schokodrops unter den Teig für die letzten 6 Muffins mischen. Das gibt eine leichte Süße, die selbst für Erwachsene ausreicht.

BIRNEN-LINSEN-MUFFINS

AB BEIKOSTREIFE

FÜR 8 STÜCK
20 MIN. ZUBEREITUNG
20 MIN. BACKEN

65 g rote Linsen
½ reife Birne
60 g Sonnenblumenkerne
80 ml Kokosöl
1 Ei (M)
200 g Mehl
1 TL Weinstein-Backpulver
1 TL Ceylon-Zimtpulver

Außerdem:
12er-Muffinblech
8 Papier-Muffinförmchen (oder Backpapierzuschnitte)

1 Die Linsen mit 130 ml Wasser in einen kleinen Topf geben und abgedeckt in ca. 15 Min. gar kochen. Inzwischen die Birne waschen, putzen, vierteln und entkernen. Die Viertel fein reiben. Die Sonnenblumenkerne fein hacken.

2 Den Backofen auf 180° vorheizen. Das Kokosöl in einer feuerfesten Schale mit in den Ofen stellen, bis es gerade so zerlassen ist. Inzwischen das Muffinblech mit den Förmchen auslegen.

3 Die geriebene Birne und das Ei unter das Kokosöl rühren. Dann in einer großen Schüssel Mehl, Backpulver, Zimt und gehackte Sonnenblumenkerne mischen. Die gekochten Linsen sowie die feuchten Zutaten untermischen und die Masse auf die Muffinmulden verteilen.

4 Die Muffins im heißen Ofen (Mitte) ca. 20 Min. backen. Dann herausnehmen, abkühlen lassen und aus den Förmchen lösen.

TIPP: Der Teig ist relativ fest, er lässt sich nicht gut mit einem Löffel in die Muffinmulden füllen. Am besten einfach die Hände benutzen und kleine Teiglinge formen.

ROTE-BETE-PANCAKES

AB BEIKOSTREIFE

FÜR 8 STÜCK • 30 MIN. ZUBEREITUNG

200 g glutenfreie Haferflocken • 100 g gegarte Rote Bete (vakuumverpackt) • 1 TL Weinstein-Backpulver • 1 Msp. gemahlene Bourbon-Vanille • 2 Eier (M) • 70 g Naturjoghurt • 70 g Apfelmark • 60 ml kohlensäurehaltiges Mineralwasser • 2 EL Bratöl

1 Die Haferflocken in einem Hochleistungsmixer fein mahlen. Die Rote Bete fein pürieren.

2 Dann das Haferflockenmehl in eine große Schüssel umfüllen, Backpulver und Vanille dazugeben. Eier, Joghurt, Apfelmark sowie Mineralwasser separat mixen, dann zum Haferflockenmehl geben und alles glattrühren.

3 In einer oder zwei Pfannen gleichzeitig je 1 EL Öl erhitzen und esslöffelweise Teig hineingeben. Die Pancakes bei mittlerer Hitze so lange auf einer Seite backen, bis sie an den Rändern fest werden. Dann wenden und fertigbacken. Herausnehmen und vor dem Servieren etwas abkühlen lassen.

TIPP: Übrig gebliebene Pancakes einfach tiefkühlen und dann bei Bedarf im Toaster auftauen.

BAKED OATMEAL MIT KIRSCHEN

MIT ETWAS ÜBUNG

FÜR 8 PORTIONEN • 5 MIN. ZUBEREITUNG • 35 MIN. BACKEN

2 reife Bananen • 200 ml Sahne • 180 g zarte Haferflocken • 50 g Hirseflocken • 1 TL Weinstein-Backpulver • 1 Msp. gemahlene Bourbon-Vanille • 150 g Sauerkirschen aus dem Glas (ersatzweise TK-Kirschen) • 1 kleine Auflaufform • Fett für die Form

1 Den Backofen auf 180° vorheizen. Die Bananen schälen und fein zerdrücken. Die Sahne mit einem Schneebesen unterrühren. Die Hafer- und Hirseflocken, Backpulver und Vanille untermischen. Ein kleine Auflaufform mit Backpapier auslegen oder gut einfetten und die Masse einfüllen. Die Kirschen durch ein Sieb abgießen und kurz abtropfen lassen. Dann auf der Masse verteilen und leicht eindrücken.

2 Jetzt die Masse im heißen Ofen (Mitte) ca. 35 Min. backen. Dann herausnehmen und mind. 30 Min. abkühlen lassen, damit das Baked Oatmeal fest wird.

TIPP: Übrige Portionen könnt ihr gut einzeln tiefkühlen.

MÜSLIBECHER MIT JOGHURT

AB PINZETTENGRIFF

1 Den Backofen auf 180° vorheizen. Das Kokosöl in einer feuerfesten Schale mit in den Ofen stellen, bis es gerade so zerläuft.

2 Das flüssige Kokosöl mit Apfelmark, Haferflocken, Kokosraspel und Leinsamen in eine große Schüssel geben und alles gründlich vermischen.

3 Die Muffinförmchen mit kaltem Wasser ausspülen, auf ein Backblecht stellen und mit je einem Viertel des Teiges füllen. Den Teig mit den Händen am Boden und den Wänden andrücken, sodass kleine Becher entstehen. Im heißen Ofen (Mitte) ca. 25 Min. backen. Herausnehmen und ca. 30 Min. in der Form abkühlen lassen, dann vorsichtig herauslösen.

4 Inzwischen den Joghurt mit Vanille glattrühren. Die Banane schälen und in Scheiben schneiden. Die Erdbeeren waschen, putzen und würfeln. Die abgekühlten Müslibecher mit jeweils 2 EL Joghurt füllen, die Erdbeeren und Bananen daraufgeben und jeweils mit ½ EL Nussmus toppen.

FÜR 4 STÜCK
12 MIN. ZUBEREITUNG
25 MIN. BACKEN
30 MIN. WARTEN

Für die Müslibecher:
2 EL Kokosöl
80 g Apfelmark
125 g zarte Haferflocken
25 g Kokosraspel
2 EL geschrotete Leinsamen

Für die Füllung:
150 g Sojaghurt (ohne Zucker)
1 Msp. gemahlene Bourbon-Vanille
1 Banane
4 große Erdbeeren
2 EL Nussmus (z. B. Mandelmus)

Außerdem:
4 Silikon-Muffinförmchen

TIPP: Wer keine Silikonform zur Hand hat, kann statt Müslibechern kleine Frühstückspizzen vorbereiten: Den Teig in 4 Portionen teilen, mit Abstand auf ein mit Backpapier belegtes Blech geben und zu ca. 1 cm hohen Kreisen formen. Darauf achten, dass die Masse fest verbunden ist. Die Pizzen im 180° heißen Ofen (Mitte) ca. 12–15 Min. backen. Herausnehmen, abkühlen lassen und mit Joghurt und Beeren belegen.

N
P
Q

PANCAKES MIT SCHOKOSAUCE

AB BEIKOSTREIFE

1 Die Banane schälen und in einer Schüssel mit einer Gabel fein zerdrücken. Den Haferdrink dazugeben und alles verrühren. Die trockenen Zutaten dazugeben und alles mit einem Schneebesen zu einem zähen Teig verrühren.

2 1 EL Öl in einer großen Pfanne erhitzen. Je 1 leicht gehäuften EL Teig in die Pfanne geben und ca. 5 Min. bei kleiner bis mittlerer Hitze ausbacken. Wenden und weitere 3 Min. backen. Herausnehmen und auf einen Teller geben. Mit dem restlichen Teig ebenso verfahren – insgesamt 10 Pancakes backen.

3 Für die Sauce Mandelmus und Haferdrink unter Rühren erwärmen. Den Kakao gründlich unterrühren und alles bei mittlerer Hitze in wenigen Min. zu einer cremigen Sauce andicken lassen. Ist die Sauce zu dickflüssig, noch etwas Haferdrink dazugeben.

4 Die fertigen Pancakes mit der Sauce servieren. Dazu passt frisch aufgeschnittenes Obst oder Beeren.

FÜR 10 STÜCK
30 MIN. ZUBEREITUNG

1 reife Banane
100 ml Haferdrink (ohne Zucker)
75 g Dinkelmehl (Type 630)
2 TL Weinstein-Backpulver
75 g zarte Haferflocken
2 EL Bratöl

Für die Sauce:
3 EL weißes Mandelmus
70 ml Haferdrink (ohne Zucker)
1 EL Kakaopulver

SCHOKOTIPP: Wer mag, bereitet direkt eine dreifache Portion der Sauce zu. Sie eignet sich (nochmal erwärmt) hervorragend als eine Art Schokofondue. Dafür Obst und Beeren vorbereiten und mit Gabeln in die warme Sauce tunken.

VARIANTE: Für eine Vanillesauce auf das Kakaopulver verzichten und stattdessen ¼ TL gemahlene Bourbon-Vanille unter die Mandelmus-Hafermilch-Mischung rühren.

FRÜHSTÜCKS-DOPPELKEKSE

FÜR KLEINKINDER

FÜR 10 STÜCK
30 MIN. ZUBEREITUNG
12 MIN. BACKEN

Für den Teig:
1 EL geschrotete Leinsamen
100 g Hafermehl
50 g gemahlene Mandeln
120 g Apfelmark
1 Msp. gemahlene Bourbon-Vanille

Für die Füllung:
40 g Heidelbeeren
75 g Quark
1 TL Speisestärke

Außerdem:
1 runden Ausstecher oder Servierring (ca. Ø 5,5 cm)

1 Den Backofen auf 180° vorheizen. Die Leinsamen mit 3 EL heißem Wasser vermischen und ca. 10 Min. quellen lassen.

2 Die Heidelbeeren waschen, verlesen und abtropfen lassen. In einer Schale mit einer Gabel zerdrücken. Den Quark mit Speisestärke fluffig aufschlagen und die Heidelbeermasse vorsichtig unterheben. Die Creme in den Kühlschrank stellen.

3 Das Hafermehl mit Mandeln, Leinsamengel, Apfelmark und Vanille gründlich vermischen. Den Teig zwischen zwei Lagen Backpapier ca. 1 cm dick ausrollen und Kreise ausstechen. Diese vorsichtig auf ein mit Backpapier belegtes Blech legen.

4 Im heißen Ofen (Mitte) ca. 12 Min. backen. Herausnehmen, vorsichtig auf ein Kuchengitter ziehen und vollständig auskühlen lassen. Achtung: Die Kekse sind sehr weich und werden erst beim Auskühlen etwas stabiler.

5 Die Hälfte der Kekse mit je 1 EL Creme bestreichen und mit einem zweiten Keks bedecken. Frisch genießen.

VORBEREITUNGSTIPP: Die Kekse erst kurz vor dem Servieren füllen, sonst weichen sie durch. Separat halten sich Kekse und Creme im Kühlschrank ca. 3 Tage lang frisch.

FALAFELWAFFELN

AB BEIKOSTREIFE

1 Die Möhren putzen, schälen und fein reiben. In einer Schüssel Möhrenraspel, Falafelmischung, Mehl sowie Pflanzendrink mischen und ca. 5 Min. quellen lassen.

2 Inzwischen das Waffeleisen aufheizen und gut einfetten, dann 1 Schöpfkelle Teig einfüllen. Beim Schließen den Deckel kräftig nach unten drücken, sodass sich der Teig gut verteilt. Die Waffeln ca. 5 Min. ausbacken, herausnehmen und auf einen Teller geben. Aus dem Teig insgesamt 7 Waffeln backen, dabei das Waffeleisen immer wieder einfetten. Nach dem Backen sollten die Waffeln noch ca. 15–20 Min. durchziehen, im ersten Moment scheinen sie sehr feucht.

FÜR CA. 7 STÜCK
10 MIN. ZUBEREITUNG
35 MIN. BACKEN

2 Möhren
170 g Falafelmischung (aus dem Bioladen)
100 g Mehl
250 ml Pflanzendrink

Außerdem:
Waffeleisen
Fett für das Waffeleisen

TIPP: Für diese Waffeln eignet sich ein Herzwaffeleisen besonders gut. In einem belgischen Eisen brauchen die Waffeln etwas länger.

BUCHWEIZENCRÊPES MIT FRUCHTFÜLLUNG

AB BEIKOSTREIFE

1 Das Mehl in eine Schüssel geben. Das Sprudelwasser nach und nach unter ständigem Rühren mit einem Schneebesen dazugeben, sodass ein dünnflüssiger, klümpchenfreier Teig entsteht. Diesen kurz quellen lassen.

2 Die Beeren in einen kleinen Topf geben, Fruchtsaft, Chia-Samen und Vanille unterrühren. Alles einmal aufkochen, dann ca. 5 Min. sanft köcheln lassen. Inzwischen die Himbeeren waschen, verlesen und abtropfen lassen.

3 Eine große Pfanne vorheizen und 2 TL Öl darin erhitzen. Eine kleine Schöpfkelle Teig in die Pfanne geben und durch kreisende Bewegungen der Pfanne gleichmäßig verteilen. Bei mittlerer Hitze ca. 4 Min. ausbacken, wenden und weitere 3 Min. backen. Herausnehmen und auf einen flachen Teller geben. Mit dem übrigen Teig ebenso verfahren, dabei ggf. erneut Öl in die Pfanne geben. Die fertigen Crêpes stapeln, damit sie warm bleiben. Insgesamt 5 Crêpes backen.

4 Die Crêpes mit je 2 EL Fruchtsauce bestreichen, einrollen und in 2–3 cm breite Stücke schneiden. Die Röllchen mit den frischen Himbeeren servieren.

FÜR 5 STÜCK
35 MIN. ZUBEREITUNG

Für die Crêpes:
125 g Buchweizenmehl
300 ml kohlensäurehaltiges Mineralwasser

Für die Füllung:
150 g TK-Beerenmischung
50 ml Fruchtsaft
2 EL Chia-Samen
1 Msp. gemahlene Bourbon-Vanille
100 g Himbeeren
3 TL neutrales Öl

TIPP: Als alternative Füllung schmeckt frisches, saisonales Obst. Erdbeere und Rhabarber oder Apfel und Birne sind fruchtig süß.

PINKER SMOOTHIE

AB BEIKOSTREIFE

FÜR 500 ML • 10 MIN. ZUBEREITUNG

1 Banane • 50 g gegarte Rote Bete (vakuumverpackt) • 50 g Himbeeren • 150 g griechischer Joghurt (10 % Fett) • 50 g Hirseflocken

1 Die Banane schälen und in Stücke brechen. Die Rote Bete kurz abtropfen lassen, dann grob würfeln. Die Himbeeren waschen, verlesen und abtropfen lassen.

2 Banane, Bete und Beeren in einen Mixer geben. Joghurt, Hirseflocken und 150 ml Wasser dazugeben und alles in wenigen Min. glatt pürieren. Bei Bedarf noch 50 ml Wasser dazugeben und untermixen. Den Smoothie in Gläser füllen und servieren.

LIEBER VEGAN: Für eine pflanzliche Variante statt griechischem Joghurt Skyr oder Joghurt auf Basis von Soja verwenden.

RESTETIPP: Wenn Smoothie übrigbleibt, könnt ihr den Rest in Eisförmchen füllen und tiefkühlen.

SMOOTHIE-EIS

AB BEIKOSTREIFE

FÜR 6 STÜCK • 10 MIN. ZUBEREITUNG • 4 STD. KÜHLEN

125 g gemischte Beeren (z. B. Blaubeeren, Himbeeren, Erdbeeren) • 300 g Sojaghurt (ohne Zucker; ersatzweise Naturjoghurt) • 50 g zarte Haferflocken • ¼ TL gemahlene Bourbon-Vanille • 1 EL Nussmus (z. B. Mandelmus) • 6 Eisförmchen (à 70 ml)

1 Die Beeren waschen und verlesen, falls nötig das Grün entfernen. Alle Zutaten in einen hohen Mixbecher geben und mit einem Pürierstab fein pürieren.

2 Die Masse in die Eisförmchen füllen und den Stiel fixieren. Die Förmchen mind. 4 Std. tiefkühlen.

3 Alternativ die Masse für mind. 6 Std. in einer Glasdose tiefkühlen, dabei gelegentlich mit einer Gabel durchmischen. Das Eis mit einem Eisportionierer kugelweise servieren.

MIT MEHR ÜBUNG: Wenn das Kind schon etwas Übung im Essen hat, könnt ihr nur 100 g der Beeren pürieren und den Rest klein gewürfelt unter die Masse heben.

TIPP: Wer eine Handvoll Baby-Blattspinat mitpüriert, bekommt ein grünes Monstereis.

MÜSLI MIT 4 VARIANTEN

AB KLEINKINDALTER

15 MIN. ZUBEREITUNG • 20 MIN. BACKEN

80 g Walnusskerne • 80 g gepuffte Quinoa • 80 g gepuffter Amaranth • 80 g Dinkelflocken • 80 g Kokosöl • 150 g Apfel-Aprikosen-Mark (ersatzweise Apfelmark)

1 Den Backofen auf 190° vorheizen. Die Walnüsse fein hacken.

2 In einer großen Schüssel Quinoa, Amaranth, Walnüsse, Dinkelflocken, Kokosöl und Aprikosenmark mischen, dann alles auf einem mit Backpapier belegten Blech verteilen. Im heißen Ofen (Mitte) ca. 20 Min. rösten, nach der Hälfte der Zeit einmal durchmischen.

3 Das Müsli herausnehmen, auf dem Blech abkühlen lassen und bis zu 2 Wochen in einem großen Schraubglas aufbewahren.

Apfel-Zimt-Müsli

+ 1 TL Ceylon-Zimtpulver
+ 50 g Soft-Apfelringe

Das Müsli sofort, wenn es aus dem Ofen kommt, mit Zimt mischen. Die Apfelringe fein hacken und unterheben.

Schokomüsli

+ 1 EL Kakaopulver

Das Müsli wie beschrieben zubereiten, dabei den Kakao zusammen mit den anderen Zutaten untermischen.

Kokosmüsli

+ 2 reife Bananen
+ 2 EL Kokosflakes

Das Müsli wie beschrieben zubereiten, aber nur 50 g Apfel-Aprikosen-Mark verwenden. Die Bananen schälen und sehr fein zerdrücken. Bananen und Kokosflakes untermischen und die Masse wie beschrieben im Ofen rösten.

Früchtemüsli

+ 6 EL gefriergetrocknete Früchte
(z. B. Erdbeeren, Blaubeeren und Mango)

Die Früchte mundgerecht zerkleinern, für Babys fein im Mixer mahlen. Dann unter das fertig geröstete Müsli mischen.

BROT, BRÖTCHEN & AUFSTRICHE

ZUCKERFALLEN UND UNSERE ALTERNATIVEN

Wer kennt es nicht – unterwegs kommt der große Hunger auf und wir kaufen unseren Kids Brezel und Rosinenbrötchen in der Bäckerei. Während hier einige Varianten ganz offensichtlich Zucker enthalten, sind andere Backwaren erst auf den zweiten Blick Zuckerfallen. Aber nicht nur dass, auch klassisches Abendbrot und viele Aufstriche enthalten deutlich mehr zugesetzten Zucker, als zunächst vermutet. In diesem Kapitel wollen wir dir zeigen, wie du klassische, aber auch ausgefallene Backwaren und Aufstriche ohne zugesetzten Zucker zubereitest, die Kleinkinder-Herzen mit Sicherheit höher schlagen lassen.

ACHTUNG BEI BROT UND BRÖTCHEN

Brioche, Hefezopf und Hefebrötchen sind leider meist wahre Zuckerbomben. Dem Hefeteig wird während der Zubereitung Haushaltszucker zugesetzt, um der Hefe Nahrung zu bieten. Das geht aber auch ganz leicht ohne. Entgegen der weit verbreiteten Meinung kann Hefeteig auch ohne Zuckerzusatz gehen.
Mit unserem Hefehasen-Teig zeigen wir dir einen tollen Basis-Hefeteig, der zuckerfrei ist. Du kannst diesen kreativ füllen, z. B. mit Nussmus, Pesto oder einem herzhaften Aufstrich, und somit sehr vielseitig verwenden. Auch ein klassischer Hefezopf lässt sich daraus formen.
Gekauftes Toastbrot enthält fast immer Zucker und oft auch Salz. Dabei lässt sich dies wirklich schnell und mit wenig Kenntnissen und Zutaten selbst backen. Du kannst es in Scheiben einfrieren, um so immer einen Vorrat zu haben.

MARMELADE OBENDRAUF

Klassische Konfitüre enthält meist 50 Prozent Zucker oder sogar mehr. Auch selbstgemachter Fruchtaufstrich mit Gelierzucker 2:1 oder 3:1 ist sehr süß. Dabei reicht besonders für Babys und Kleinkinder die natürliche Süße von Früchten aus. Wenn es mal richtig schnell gehen muss, kannst du hier einfach Obstmark als Marmeladenersatz nutzen – das gibt es auch in leckeren Kombinationen fertig zu kaufen. Toll schmeckt auch eine kalt gerührte Konfitüre mit Chia-Samen und die gekochte Variante (z. B. aus TK-Beeren) mit Agar-Agar oder Flohsamenschalen.

SCHOKOLADE OBENDRAUF

Gekaufte Schokoaufstriche sind ein perfektes Beispiel dafür, das Zucker meist sogar an erster Stelle in der Zutatenliste steht. Selbstgemacht hingegen sind Nüsse die Basis und bieten so einen herrlich feinen Geschmack, der durch Rohkakao, 100 Prozent Schokolade sowie Trockenfrüchte verfeinert werden kann. Auch Gewürze wie Spekulatiusgewürz, Lebkuchengewürz, Bourbon-Vanille, Zimt oder später Chili können einem Schokoaufstrich viel Pfiff geben.

UND SONNTAGS?

Viele Familien holen am Wochenende Brötchen aus der Bäckerei, backen Pfannkuchen oder essen Hefezopf. Oft werden dann Wünsche wie Schokocroissant oder Plunderteilchen geäußert. Dazu gibt es zwei Strategien: Das Wochenendfrühstück als Genusszeit im Rahmen der Familie auch zuckerhaltig gestalten und die Wünsche nach süßem Gebäck

erfüllen – denn ein weiteres Nein frustriert oft mehr. Strategie Nummer 2 macht sich zu Nutze, wie gerne Kinder selbst entscheiden. Fragen Sie ihr Kind vor dem Einkauf, ob es lieber eine Brezel oder ein Käsebrötchen haben möchte. Hier geht es darum, zwischen zwei (vorgegebenen) eher zuckerfreien bis zuckerreduzierten Möglichkeiten zu wählen.

UNGLAUBLICH, ABER WAHR:
Viele vegane und vegetarische Aufstriche aus dem Glas, aber auch Leberwurst enthalten zugesetzte Zucker in Form von Agavendicksaft oder Honig. Dann lieber selbst machen und auf Vorrat tiefkühlen. Mit Nüssen, Saaten oder Hülsenfrüchten als Basis geht das wirklich schnell. Verschiedene Gewürze, aber auch Gemüse, Würzsaucen und Pasten geben den feinen, deftigen Geschmack.

SÜSSKARTOFFEL-TORTILLAS

AB BEIKOSTREIFE

1 Die Süßkartoffel schälen und in 1 cm große Würfel schneiden. In einem kleinen Topf mit 1 cm hoch Wasser aufkochen und abgedeckt bei mittlerer Hitze ca. 10 Min. garen. Dabei einmal umrühren. Dann abgießen und ca. 2 Min. auf der ausgeschalteten, noch heißen Herdplatte abdampfen lassen. Anschließend fein pürieren.

2 Das Maniokmehl und das Salz klümpfchenfrei mit den Knethaken des Handrührgeräts unter die Süßkartoffelmasse rühren. Den Teig in 8 Stücke teilen und je mit wenig Maniokmehl kuchentellergroß ausrollen.

3 Wenige Tropfen Olivenöl in einer großen Pfanne erhitzen und die Tortillas darin ca. 3 Min. pro Seite bei mittlerer Hitze ausbacken. Herausnehmen und kurz auskühlen lassen.

FÜR 8 STÜCK
35 MIN. ZUBEREITUNG

300 g Süßkartoffel
150 g Maniokmehl (ersatzweise Kichererbsenmehl) + mehr zum Arbeiten
1 Prise Salz
Olivenöl

TIPP:
Maniokmehl ist glutenfrei und wird in Südamerika sehr vielfältig eingesetzt. Es eignet sich super für allerlei Backwaren. Ihr bekommt es im Bioladen oder online.

VOLLKORN-BAGELS

AB BEIKOSTREIFE

FÜR 6 STÜCK
18 MIN. ZUBEREITUNG
1 STD. 45 MIN. GEHEN
15 MIN. BACKEN

275 g Vollkornmehl + mehr zum Arbeiten
1 Pck. Trockenhefe (7 g)
150 ml kohlensäurehaltiges Mineralwasser
1 Ei (M)
25 g weiche Butter

Außerdem:
Servierring oder Glas (Ø 9 cm)

1 Das Mehl und die Hefe in einer Schüssel mischen. Sprudelwasser, Ei und Butter dazugeben, alles ca. 5 Min. mit den Knethaken des Handrührgeräts zu einem klebrigen Teig kneten. Abdecken und an einem warmen Ort ca. 1 Std. gehen lassen.

2 Den Teig auf der leicht bemehlten Arbeitsfläche ca. 1,5 cm dick ausrollen. Sechs Kreise ausstechen und jeweils in der Mitte mit dem Deckel der Milchpackung ein kleines Loch ausstechen. Die Teiglinge auf ein mit Backpapier ausgelegtes Backblech geben, abdecken und nochmal ca. 45 Min. gehen lassen.

3 Den Backofen auf 200° vorheizen. Die Teiglinge dünn mit Öl einpinseln, dann im heißen Ofen (Mitte) 13–15 Min. backen. Herausnehmen und vor dem Servieren gut auskühlen lassen.

FÜR GRÖSSERE KINDER: Ab ca. 3 Jahren könnt ihr auch Kerne und Saaten im Ganzen einbacken und zum Bestreuen verwenden.

FÜR DIE GANZ GROSSEN: Wer es gerne würziger mag, bestreut die Bagels für die Erwachsenen vor dem Backen mit grobem Meersalz.

SAFTIGES HEFEBROT

AB BEIKOSTREIFE

1 Die Flohsamenschalen mit 100 ml Wasser in einer kleinen Schale verrühren und ca. 5 Min. quellen lassen.

2 Inzwischen das Mehl mit Trockenhefe und Dattelsüße in einer großen Schüssel vermischen. Öl, Haferdrink und Flohsamenschalengel dazugeben und alles in ca. 5 Min. mit den Knethaken des Handrührgeräts zu einem klebrigen Teig kneten. Abdecken und an einem warmen Ort ca. 1 Std. gehen lassen.

3 Die Kastenform einfetten, dann den Teig hineingeben. Abdecken und an einem warmen Ort 1 weitere Std. gehen lassen.

4 Den Ofen auf 175° vorheizen. Den Teig mit dem restlichen Haferdrink bestreichen, dann im heißen Ofen (Mitte) ca. 35 Min. backen. Nach ca. 25 Min. mit Backpapier abdecken, damit das Brot nicht zu dunkel wird.

5 Das Brot herausnehmen und kurz abkühlen lassen. Dann aus der Form lösen und vor dem Servieren auf einem Gitter vollständig auskühlen lassen.

FÜR 1 BROT (20 SCHEIBEN)
25 MIN. ZUBEREITUNG
2 STD. GEHEN
35 MIN. BACKEN

1 EL Flohsamenschalen
500 g Dinkelmehl (Type 630) + mehr zum Arbeiten
1 Pck. Trockenhefe (7 g)
20 g Dattelsüße
75 ml neutrales Öl
250 ml Haferdrink (ohne Zucker) + 2 EL zum Bestreichen

Außerdem:
1 Kastenform (28 cm)
Fett für die Form

AUFBEWAHRUNG: Das Brot schmeckt am besten frisch. Es hält sich ca. 3 Tage und kann im Toaster aufgebacken werden. Alternativ scheibenweise einfrieren.

SCHÜTTELPIZZA

AB PINZETTENGRIFF

FÜR 1 PIZZA
25 MIN. ZUBEREITUNG
35 MIN. BACKEN

1 kleine Zwiebel
1 Knoblauchzehe
½ grüne Paprika
2 Tomaten
1 kleine Dose Mais (140 g Abtropfgewicht)
200 g Dinkelmehl (Type 630)
1 TL edelsüßes Paprikapulver
1 TL getrockneter Oregano
200 g Naturjoghurt
3 Eier (M)
2 EL Tomatenmark
200 g geriebener Käse (z. B. Mozzarella)

1 Die Zwiebel und den Knoblauch schälen und fein würfeln. Die Paprika waschen, halbieren, weiße Trennwände und Kerne entfernen. Das Fruchtfleisch ca. 0,5 cm groß würfeln. Die Tomaten waschen und 0,5 cm groß würfeln. Den Mais in ein Sieb abgießen und abtropfen lassen.

2 Den Backofen auf 200° vorheizen.

3 Mehl, Paprikapulver und Oregano in eine große Schüssel mit Deckel geben. Joghurt, Eier, Tomatenmark und Käse dazugeben. Außerdem das vorbereitete Gemüse hinzufügen. Den Deckel schließen und alles wenige Min. schütteln. Die Schüssel öffnen und die trockenen Zutaten mit einem Löffel von Boden und Rand lösen. Dann erneut schließen und schütteln, bis sich alles gleichmäßig vermischt hat. Die Masse auf ein mit Backpapier belegtes Blech geben und ca. 1,5 cm hoch ausstreichen.

4 Im Ofen (Mitte) in ca. 35 Min. backen. Herausnehmen, etwas abkühlen lassen und in Streifen oder Stücke schneiden.

RESTETIPP: Die Pizza eignet sich perfekt zur Resteverwertung, da ihr das Gemüse austauschen könnt. Auch Wurst oder Fleisch, das noch Verwendung finden muss, könnt ihr kleingeschnitten in den Teig schütteln.

WAFFELN MIT 4 VARIANTEN

AB BEIKOSTREIFE

FÜR 10 STÜCK • 35 MIN. ZUBEREITUNG

80 ml Öl • 4 Eier (M) • 500 ml Buttermilch • 300 g Dinkelmehl (Type 630) • 50 g gemahlene Mandeln • 50 g zarte Haferflocken • Waffeleisen • Fett für das Waffeleisen

1 Das Öl mit 20 ml Wasser, Eiern und Buttermilch in eine Schüssel geben und mit den Rührbesen des Handrührgeräts aufschlagen. Mehl, Mandeln und Haferflocken in einer zweiten Schüssel mischen, dann zu den feuchten Zutaten dazugeben. Alles zügig zu einem homogenen Teig vermischen.

2 Das Waffeleisen heiß werden lassen und etwas einfetten. Den Teig portionsweise zu Waffeln backen, dabei die Waffeln jeweils ca. 4 Min. backen und das Eisen immer wieder einfetten.

Himbeer-Kakao-Waffeln

+ 300 g Himbeeren
+ 2 EL Kakaopulver

Die Himbeeren waschen und verlesen. 250 g mit einer Gabel zerdrücken.

Den Teig mit 100 ml weniger Buttermilch zubereiten und stattdessen die Himbeeren unterrühren. Den Kakao zu den trockenen Zutaten geben.

Die Waffeln im Waffeleisen wie beschrieben ausbacken und mit den restlichen Himbeeren servieren.

Zucchiniwaffeln

+ 1 Knoblauchzehe
+ 200 g Zucchini
+ 2 TL getrocknete italienische Kräuter

Den Knoblauch schälen und durch eine Knoblauchpresse drücken. Die Zucchini waschen, putzen, in Stücke schneiden und roh mit dem Pürierstab zerkleinern.

Den Basisteig mit 250 ml weniger Buttermilch zubereiten. Dafür das Zucchinipüree zu den flüssigen Zutaten geben. Die Kräuter unterrühren und die Waffeln wie beschrieben ausbacken.

Pizzawaffeln

+ 1 kleine Möhre
+ 1 kleine Zwiebel
+ 100 g passierte Tomaten
+ 75 g geriebener Käse

Die Möhre putzen, schälen und fein reiben. Die Zwiebel schälen und fein reiben. Den Basisteig mit 150 ml weniger Buttermilch zubereiten. Dafür die Tomaten zu den feuchten Zutaten geben und den Teig wie beschrieben zubereiten.

Die Möhrenraspel und den Käse unterheben. Dann die Waffeln im Waffeleisen wie beschrieben ausbacken.

Vegane Waffeln

+ 400 ml Sojadrink (statt Buttermilch)
+ 1 TL Apfelessig
+ 300 g Apfelmark (statt Eiern)

Den Sojadrink mit Apfelessig mischen und wenige Min. stehen lassen. Inzwischen die trockenen Zutaten mischen.

Das Öl mit Sojadrink und Apfelmark vermischen und zu den trockenen Zutaten geben, alles zügig zu einem homogenen Teig rühren. Die Waffeln im Waffeleisen wie beschrieben ausbacken.

GEFÜLLTE BLÄTTER-TEIGWAFFELN

MIT ETWAS ÜBUNG

FÜR 6 STÜCK
35 MIN. ZUBEREITUNG

6 Platten TK-Blätterteig (zuckerfrei, 300 g)
100 g Möhre
50 g Käse (z. B. Gouda)
2 EL Tomatenmark
2 TL getrocknete italienische Kräuter

Für die Großen:
Salz
Schwarzer Pfeffer
Chiliflocken

Außerdem:
Waffeleisen

1 Den Blätterteig aus der Verpackung nehmen, die Platten trennen und nebeneinander auf ein großes Brett legen. Einige Min. antauen lassen.

2 Inzwischen die Möhren putzen, schälen und grob raspeln. Den Käse reiben. Das Waffeleisen vorheizen.

3 Die Teigplatten halbieren. 6 Stücke mit Tomatenmark bestreichen und mit Kräutern bestreuen. Anschließend mit Möhren und Käse bestreuen. Die Stücke für die Großen kräftig würzen. Die unbestrichenen Teighälften etwas auseinanderziehen, auf die belegten Teighälften legen und die Ränder mit den Fingern gründlich zusammendrücken.

4 Die gefüllten Teigstücke nacheinander bei mittlerer Hitze im heißen Waffeleisen in ca. 4–5 Min. ausbacken. Herausnehmen und sehr gut auskühlen lassen. Die Waffeln für jüngere Kinder vor dem Servieren in Streifen schneiden.

APRIKOSEN-VANILLE-AUFSTRICH

AB BEIKOSTREIFE

FÜR 560 ML • 15 MIN. ZUBEREITUNG

550 g Aprikosen • ½ TL gemahlene Bourbon-Vanille • 1 TL Agar-Agar • 2 Schraubgläser (à 280 ml)

1 Die Aprikosen waschen, halbieren, entkernen und in einem kleinen Topf fein pürieren. Vanille und Agar-Agar klümpchenfrei unterrühren und alles einmal aufkochen.

2 Die Masse bei kleiner Hitze mind. 4 Min. leicht sprudelnd köcheln lassen, dann noch heiß in zwei saubere Schraubgläser füllen. Das Agar-Agar wird beim Abkühlen fest. Den Aufstrich bis zu 1 Woche im Kühlschrank aufbewahren.

TIPP: Ihr könnt den Aufstrich auch in Eiswürfelformen tiefgekühlen. Er eignet sich nicht nur für Brot, sondern auch als Füllung für Plätzchen, Hefeschnecken sowie als Topping für Porridge.

HASELNUSS-KAKAO-AUFSTRICH

AB BEIKOSTREIFE

FÜR 240 G • 5 MIN. ZUBEREITUNG

200 g Haselnussmus • 20 g Kakaopulver • 20 g Dattelsüße • Schraubglas (240 ml)

1 Das Haselnussmus mit einem langen Löffel durchrühren, dann Kakao sowie Dattelsüße glatt unterrühren. Die Masse in ein sauberes Schraubglas füllen. Gut verschlossen hält sich der Aufstrich einige Wochen.

2 Der Aufstrich schmeckt nicht nur auf Brot, sondern ist auch eine tolle Füllung für selbstgemachte Croissants, Hefeknoten oder für Weihnachtsplätzchen.

EXTRAWÜRZE: Je nach Saison könnt ihr den Aufstrich super verfeinern, an Weihnachten etwa mit Spekulatius- oder Lebkuchengewürz.

QUARKBRÖTCHEN

AB BEIKOSTREIFE

1 Die Hefe in einer großen Schüssel in 300 ml Wasser auflösen und ca. 5 Min. stehen lassen. Dann beide Mehlsorten und die Weizenkleie untermischen. Anschließend Quark sowie Sesam dazugeben und alles mit den Knethaken des Handrührgeräts in ca. 2 Min. zu einem homogenen Teig kneten. Abdecken und über Nacht im Kühlschrank gehen lassen.

2 Den Backofen auf 250° vorheizen. Mit einem Esslöffel oder den Händen aus dem Teig 8 Brötchen formen und diese auf ein mit Backpapier belegtes Backblech legen. Die Brötchen mit einem Messer kreuzweise einschneiden, dann mit etwas Wasser bestreichen. Im heißen Ofen (Mitte) in 20–22 Min. goldbraun backen. Herausnehmen und vor dem Servieren abkühlen lassen.

FÜR 8 STÜCK
15 MIN. ZUBEREITUNG
22 MIN. BACKEN
12 STD. WARTEZEIT

10 g frische Hefe
200 g Mehl (Type 550)
200 g Vollkornmehl
100 g Weizenkleie
100 g Quark
2 EL Sesam

KÄSEBRÖTCHEN MIT KRÄUTERN

AB BEIKOSTREIFE

FÜR 8 STÜCK
15 MIN. ZUBEREITUNG
25 MIN. BACKEN

350 g Dinkelmehl (Type 630)
2 TL Weinstein-Backpulver
1 TL Natron
½ TL Knoblauchpulver
2 TL getrocknete Italienische Kräuter
110 g Butter
100 g geriebener Cheddar
240 ml Buttermilch

1 Mehl, Backpulver, Natron sowie Knoblauchpulver und getrocknete Kräuter in einer großen Schüssel mischen. Die Butter fein würfeln. Mit den Knethaken des Handrührgeräts die Butter, den Käse sowie die Buttermilch unter den Teig rühren, sodass ein homogener Teig entsteht.

2 Den Backofen auf 210° vorheizen. Mit leicht feuchten Händen aus dem Teig 8 Brötchen formen und auf ein mit Backpapier belegtes Blech legen. Im heißen Ofen (Mitte) 20–25 Min. backen, bis die Brötchen leicht bräunen. Herausnehmen und vor dem Servieren gut auskühlen lassen.

TIPP: Die Brötchen sind reichhaltig und fettig, deshalb geben sie viel Energie. Gerade für Kleinkinder ist das ideal, da sie sich viel bewegen.

BROTSTANGEN

AB BEIKOSTREIFE

1 Die Chia-Samen mit 80 ml heißem Wasser übergießen, verrühren und ca. 10 Min. quellen lassen.

2 Den Backofen auf 180° vorheizen. Die Nüsse, Kerne und Saaten in einem Hochleistungsmixer fein mahlen. Das Nussmehl mit Haferflocken, Mehl und Backpulver in einer Schüssel vermischen.

3 200 ml Wasser, Olivenöl und Chia-Gel dazugeben und alles mit den Knethaken des Handrührgeräts zu einem homogenen Teig kneten. Jeweils 1 gehäuften EL vom Teig abnehmen und zu einer länglichen Stange formen. Diese mit etwas Abstand auf ein mit Backpapier belegtes Blech legen und mit Wasser bestreichen. Nach Belieben ein paar Brotstangen ohne Salz formen, dann den restlichen Teig für die Großen salzen. Insgesamt 24 Brotstangen formen.

4 Die Stangen im heißen Ofen (Mitte) ca. 16–18 Min. backen. Herausnehmen und vor dem Servieren abkühlen lassen.

FÜR 25 STÜCK
25 MIN. ZUBEREITUNG
18 MIN. BACKEN

2 EL Chia-Samen
30 g Haselnusskerne
30 g Mandeln
25 g Sonnenblumenkerne
25 g Kürbiskerne
1 EL Sesam
75 g zarte Haferflocken
300 g Vollkorn-Dinkelmehl
1 Pck. Weinstein-Backpulver
100 ml Brat-Olivenöl

Für die Großen:
Salz (nach Belieben)

ROTKOHLHUMMUS

AB BEIKOSTREIFE

FÜR 500 ML • 16 MIN. ZUBEREITUNG

1 Knoblauchzehe • 125 g Rotkohl • 1 Glas Kichererbsen (220 g Abtropfgewicht) • 1 Zitrone • 1 EL Cashewmus • 30 ml Olivenöl • 1 TL getrockneter Thymian • ½ TL Ceylon-Zimtpulver • ½ TL gemahlener Kreuzkümmel • Salz • Schwarzer Pfeffer • 2 Schraubgläser (250 ml)

1 Den Knoblauch schälen. Den Rotkohl waschen, putzen und grob würfeln. Die Kichererbsen in ein Sieb abgießen, kurz abspülen und abtropfen lassen. Die Zitrone halbieren und auspressen.

2 Knoblauch, Rotkohl, Kichererbsen und Zitronensaft in einen Hochleistungsmixer geben. Cashewmus, Olivenöl, Thymian, Zimt und Kreuzkümmel dazugeben und alles cremig pürieren. Dabei größere Stücke von der Mixerwand mit einem Spatel nach unten schieben und nach und nach ca. 50 ml eiskaltes Wasser zur Masse geben.

3 Eine Portion Hummus fürs Kind entnehmen, den Rest kräftig mit Salz und Pfeffer abschmecken. Den Rotkohlhummus in saubere Schraubgläser füllen und bis zu 3 Tage im Kühlschrank aufbewahren.

TIPP: Den restlichen Rotkohl könnt ihr fein hobeln und mit Öl, Essig, Salz und Pfeffer zu einem schnellen Rotkohlsalat kneten.

GRÜNKERN-KRÄUTER-AUFSTRICH

AB BEIKOSTREIFE

FÜR 200 ML • 40 MIN. ZUBEREITUNG

50 g Grünkernschrot • 50 g Butter • 1 Knoblauchzehe • ½ kleine Zwiebel • 1 EL Olivenöl • 1 Bio-Zitrone • 2 EL TK-italienische Kräuter • Salz • Schwarzer Pfeffer • 1 Schraubglas (200 ml)

1 Den Grünkernschrot in einem Sieb abspülen, dann mit 200 ml Wasser in einem kleinen Topf zum Kochen bringen. Abgedeckt in ca. 35 Min. bei kleiner Hitze weich garen. Anschließend, falls nötig, restliches Wasser abgießen.

2 Inzwischen die Butter würfeln und in einer Schüssel beiseitestellen. Den Knoblauch und die Zwiebeln schälen und fein würfeln. Das Öl in einer kleinen Pfanne erhitzen, Knoblauch und Zwiebeln darin bei mittlerer Hitze ca. 8 Min. anschwitzen. Die Zitrone heiß waschen, abtrocknen und 1 EL Schale abreiben.

3 Die weiche Butter mit einer Gabel zerdrücken. Grünkernschrot, Knoblauch, Zwiebeln, Zitronenabrieb und Kräuter dazugeben und alles gründlich vermischen. Eine Portion fürs Kind entnehmen, den Rest kräftig mit Salz und Pfeffer abschmecken.

4 Den Aufstrich in saubere Schraubgläser füllen und bis zu 1 Woche im Kühlschrank aufbewahren.

DINKEL-VOLLKORN-TOASTBROT

AB BEIKOSTREIFE

1 Den Pflanzendrink lauwarm erhitzen. Beide Mehlsorten in einer Schüssel mischen, in die Mitte eine kleine Mulde formen. Die Hefe in 50 ml lauwarmem Pflanzendrink auflösen und in die Mulde gießen. Etwas Mehl vom Rand darüberstreuen und ca. 5 Min. abgedeckt an einem warmen Ort ruhen lassen.

2 Den restlichen 300 ml Pflanzendrink sowie das Öl dazugeben und alles mit den Knethaken des Handrührgeräts in ca. 2 Min. zu einem glatten, klebrigen Teig rühren. Den Hefeteig abgedeckt an einem warmen Ort ca. 1 Std. gehen lassen.

3 Die Kastenform mit Backpapier auslegen. Den Teig einfüllen und abgedeckt weitere 45 Min. gehen lassen.

4 Inzwischen den Backofen auf 200° vorheizen. Das Brot im heißen Ofen (Mitte) ca. 20–25 Min. backen. Herausnehmen und ca. 10 Min. in der Form abkühlen lassen. Dann auf ein Gitter heben und komplett auskühlen lassen.

FÜR BROT
15 MIN. ZUBEREITUNG
2 STD. WARTEN

350 ml Pflanzendrink
250 g Dinkelmehl (Type 630)
150 g Vollkorn-Dinkelmehl
½ Würfel Hefe (21 g)
1 EL neutrales Öl

Außerdem:
1 Kastenform (26 cm)

VORRATSTIPP: Ihr könnt das Brot scheibenweise einfrieren und bei Bedarf im Toaster auftauen.

BASICS

ZUCKERFALLEN UND UNSERE ALTERNATIVEN

Viele Lebensmittel essen wir täglich und kaufen sie immer wieder – einfach, weil sie einen festen Platz in unserem Alltag haben. Dazu zählen zum Beispiel Saucen und Pestos, die es nicht nur zu Nudeln, sondern auch zu Gemüse, Fleisch oder ganz einfach zu Getreide gibt. Prominentes Beispiel ist hier die Sauce Hollandaise, die uns die Spargelzeit versüßt. Die Fertigvariante im Tetrapack steckt leider voller zugesetztem Zucker ... dabei ist sie – wie so vieles anderes – im Handumdrehen selbst gemacht. In diesem Kapitel zeigen wir euch, wie ihr die vielen kleinen Basics, die uns im Alltag das Leben erleichtern, selbst machen und damit zugesetzten Zucker sparen könnt.

PESTOS UND SAUCEN

Diese beiden täglichen Begleiter selbst zu machen, hat gleich mehrere Vorteile. Zum einen bleiben sie zuckerfrei und zum anderen sparen wir Geld. Ein kleines Glas gekauftes Pesto à 125 g kostet oft deutlich mehr als die doppelte Portion selbst zu machen. Wir zeigen dir in diesem Kapitel, wie du auch kinderleicht Saucen selbst und schnell zubereitest, ganz ohne zugesetzten Zucker.

MILCHSHAKES UND HEISSGETRÄNKE

Heiße Schokolade, Kinder-Glühwein und heißer Apfelsaft im Winter oder der leckere Milchshake aus dem Kühlregal im Sommer – das alles sind wahre Zuckerbomben. Stattdessen könnt ihr den heißen Kakao aus Rohkakao mit etwas Dattel sowie frisch geschlagener Sahne ganz schnell und einfach selbst machen – egal, ob aus Kuhmilch, Hafer- oder Mandeldrink. Am besten greift ihr zu einer Variante, die als zuckerfrei ausgewiesen ist. Im Sommer bringen Milchshakes Abkühlung und die Möglichkeit, überreifes Obst zu verwerten. Man kann die Shakes besonders gut mit Nussmus toppen oder mischen und zum Beispiel mit gerösteten Kokosflocken bestreuen.

MÜSLIRIEGEL

Einzeln abgepackt sind Müsliriegel nicht nur nach dem Sport beliebt, sondern halten auch immer mehr Einzug ins Babyregal im Supermarkt ein. Die Fruchtriegel enthalten oft aber übermäßig hohe Anteile an Früchten – oft Trockenfrüchten. Besser ist die selbstgemachte Variante mit geraspeltem Gemüse, Gemüsemark oder Nussmus. Auch könnt ihr bei selbstgemachten Riegeln wechselnde und hochwertige Saaten, Nüsse, Superfoods und Getreide einsetzen und auf unnötige Füllstoffe verzichten. Toller Nebeneffekt: Ihr spart Plastikmüll gegenüber den gekauften Varianten.

FRUCHTSAUCEN

Die bekannteste Fruchtsauce ist wohl die auf dem Spaghettieis ... generell ist Erdbeersauce auf Eis unserer Meinung nach eine der besten Erfindungen ever. Nur Zucker braucht dieses Rezept gar nicht, denn reife Erdbeeren sind wirklich süß genug. Durch Zucker entsteht aber auch Haltbarkeit, deshalb greifen wir hier am besten auf kleine Tricks zurück: Einfach kleine Portionen zubereiten und alles sofort aufessen oder Reste entsprechend tiefkühlen. Durch Flohsamenschalen, Agar-Agar oder Chia-Samen können wir Fruchtsauce andicken und auf eine gewisse Festigkeit bringen.

KETCHUP

Zu Pommes, Würstchen, Nudeln oder auf Hamburgern ist Ketchup in allen Varianten wohl Kinderliebling Nummer eins – und auch wir Erwachsenen finden die rote Sauce hin und wieder ziemlich lecker. Die meisten Sorten enthalten aber bis zu 20 g pro 100 g zugesetzten Zucker, sowohl die Standard- wie auch die Kinderversion. Da bei der industriellen Produktion für Ketchup oft unreife, noch saure Tomaten verarbeitet werden, braucht man eine ordentliche Menge Zucker, um eine geschmackliche Balance zu erreichen. Selbstgemachtes Ketchup könnt ihr mit reifen, süßlichen Tomaten sowie einer passenden süßen Frucht, etwa Aprikosen oder Nektarinen, zubereiten. Oft reichen auch schon wenige Trockenfrüchte, um etwas Süße zu zaubern. Wer etwas ältere Kinder hat, kann auch mal eine Messerspitze Stevia oder Xylit testen.

BROTAUFSTRICH

Tatsächlich enthalten auch viele vegane und vegetarische Brotaufstriche zugesetzten Zucker in Form von Agavendicksaft. Meist lohnt sich hier jedoch ein genauerer Blick, denn oft sind nur winzige Mengen enthalten, um den Geschmack von sauer und umami auszugleichen. Bis zu 1 g Zucker pro 100 g ist in der Regel noch unproblematisch. Möchtest du es dennoch komplett zuckerfrei, findest du auf den nächsten Seiten auch Aufstriche fürs Brot.

VEGANE HOLLANDAISE

AB BEIKOSTREIFE

1 Den Knoblauch schälen, die Limette auspressen. Dann die Cashewkerne mit 125 ml Wasser, Knoblauch und Limettensaft zu einer fein-cremigen Sauce pürieren.

2 Die Sauce bei mittlerer Hitze in einem kleinen Topf ca. 5 Min. erwärmen. Dann Hefeflocken und Kurkuma unterrühren. Eine kleine Portion fürs Kind abnehmen, den Rest für die Großen mit Salz und Pfeffer abschmecken.

FÜR 3 PORTIONEN
12 MIN. ZUBEREITUNG

1 Knoblauchzehe
½ Limette (ersatzweise Zitrone)
150 g Cashewkerne
1 EL Hefeflocken
½ TL gemahlene Kurkuma

Für die Großen:
Salz
Schwarzer Pfeffer

SERVIERTIPP: Die Sauce passt natürlich klassisch zu Spargel und Kartoffeln. Ihr solltet sie aber auch unbedingt mal zu Spaghetti oder Ofenkartoffeln versuchen – schmeckt hervorragend!

KERNIGER AUFSTRICH UND 4 VARIANTEN

AB BEIKOSTREIFE

FÜR 200 ML • 5 MIN. ZUBEREITUNG

50 g Sonnenblumenkerne • 20 g Kürbiskerne • 1 TL Zitronensaft • 2 TL neutrales Öl • Salz • Schwarzer Pfeffer • 1 Schraubglas (200 ml)

1 Die Kerne mit Zitronensaft, Öl und 2 EL Wasser in einem Hochleistungsmixer pulsierend zu einer cremigen Masse pürieren. Alternativ in einem hohen Mixbecher mit einem Pürierstab cremig pürieren. Falls nötig, etwas mehr Wasser dazugeben.

2 Eine Portion fürs Kind entnehmen, den Rest für die Erwachsenen kräftig mit Salz und Pfeffer würzen. Den Aufstrich in saubere Schraubgläser füllen und bis zu 1 Woche im Kühlschrank aufbewahren.

Pilzaufstrich

+ 150 g Champignons
+ 1 Frühlingszwiebel
+ 2 Stiele glatte Petersilie
+ 2 TL neutrales Öl
+ 1 TL edelsüßes Paprikapulver

Die Champignons mit einem Tuch abreiben, putzen und würfeln. Die Frühlingszwiebel waschen, putzen und in Ringe schneiden. Die Petersilie kalt abbrausen, trocken schütteln und die Blättchen abzupfen. Das Öl in einer kleinen Pfanne erhitzen, Champignons und Frühlingszwiebel ca. 5 Min. bei mittlerer bis hoher Hitze anschwitzen. Mit dem Paprikapulver zur Aufstrichbasis geben und pürieren.

Den Aufstrich wie beschrieben fertigstellen und aufbewahren.

Edamame-Aufstrich

+ 200 g TK-Edamame (geschält)
+ 1 TL Limettensaft
+ 2 TL Sojasauce
+ 1 TL Sesamöl
+ 2 TL Sesam

Für die Großen:
+ Chiliflocken

Die Edamame in eine Schüssel geben, mit kochendem Wasser übergießen und ca. 5 Min. ziehen lassen, dann abgießen. Edamame, Limettensaft, Sojasauce und Sesamöl zur Aufstrichbasis geben und alles cremig pürieren. Dann den Sesam unterrühren.

Den Aufstrich wie beschrieben fertigstellen und aufbewahren.

Tomatenaufstrich

+ 200 g Tomaten
+ 2 Stiele Basilikum
+ 1 TL Tomatenmark
+ 1 Knoblauchzehe

Die Tomaten waschen, halbieren, vom Strunk befreien und das Fruchtfleisch würfeln. Das Basilikum kalt abbrausen, trocken schütteln und die Blättchen abzupfen. Den Knoblauch schälen. Die Tomaten mit den restlichen Zutaten zur Aufstrichbasis geben und alles zu einer Creme pürieren.

Den Aufstrich wie beschrieben fertigstellen und aufbewahren.

Gemüseaufstrich

+ 1 Knoblauchzehe
+ 200 g gegartes Gemüse (z. B. Ofengemüsereste)
+ 2 TL getrocknete Kräuter der Provence
+ 2 EL Frischkäse (ersatzweise Schmand)

Den Knoblauch schälen. Mit dem Gemüse, den Kräutern und dem Frischkäse zur Auftrichbasis geben und zu einer Creme pürieren.

Den Aufstrich wie beschrieben fertigstellen und aufbewahren.

CURRYKETCHUP

AB BEIKOSTREIFE

FÜR 800 ML • 18 MIN. ZUBEREITUNG • 25 MIN. KOCHEN

5 getrocknete Soft-Datteln • 5 große reife Tomaten • 1 Nektarine • 1 kleine rote Zwiebel • 2 EL Olivenöl • 3 EL Tomatenmark • mildes Currypulver • Salz • Schwarzer Pfeffer • 2 Schraubgläser (à 400 ml)

1 Die Datteln grob zerkleinern und in einer kleinen Schüssel mit 150 ml heißem Wasser übergießen. Ca. 5 Min. einweichen.

2 Inzwischen die Tomaten waschen, vierteln, den Strunk entfernen, das weiche Innere entfernen und das Fruchtfleisch würfeln. Die Nektarine waschen, vierteln, den Stein entfernen und das Fruchtfleisch würfeln. Die Zwiebel schälen und fein würfeln.

3 Das Öl in einem kleinen Topf erhitzen und die Zwiebeln darin in ca. 5 Min. bei mittlerer Hitze glasig dünsten. 1 EL Currypulver dazugeben und kurz mitschwitzen. Tomaten und Nektarine unterrühren und ca. 4 Min. mitgaren. Dann die Datteln mit Einweichwasser dazugeben und alles ca. 5 Min. offen köcheln lassen. Mit einem Pürierstab fein mixen und weitere 20–25 Min. offen köcheln lassen, bis der Ketchup leicht andickt.

4 Eine Hälfte fürs Baby heiß in ein sauberes Schraubglas füllen. Den Rest würzig mit mehr Currypulver, Salz und Pfeffer abschmecken und ebenfalls abfüllen. Verschlossen hält sich der Ketchup ca. 2 Wochen im Kühlschrank, geöffnet ca. 4 Tage lang. Es kann (in kleinen Portionen) tiefgekühlt werden.

LINSENSAUCE

AB BEIKOSTREIFE

FÜR 2 ERWACHSENE UND 1 KIND • 10 MIN. ZUBEREITUNG

1 Dose braune Linsen (Abtropfgewicht 240 g, ersatzweise weiße Bohnen) • 1 Zitrone (ersatzweise Orange) • 3 Stiele glatte Petersilie • 1 Handvoll Datteltomaten • 3 EL Mandelmus • Salz • Schwarzer Pfeffer • Chiliflocken

1 Die Linsen in ein Sieb abgießen, abspülen und abtropfen lassen. Die Zitrone auspressen. Linsen und Zitronensaft mit 125 ml Wasser in einem kleinen Topf erwärmen.

2 Inzwischen die Petersilie kalt abbrausen, trocken schütteln und die Blättchen abzupfen. Die Tomaten waschen und vierteln.

3 Die Petersilie in den Topf geben und alles mit einem Pürierstab cremig mixen. Das Mandelmus dazugeben und alles unter Rühren aufkochen. Bei Bedarf noch etwas Wasser unterrühren, dann die Tomaten unterheben.

4 Eine ungewürzte Portion fürs Kind abnehmen. Den Rest kräftig mit Salz, Pfeffer und Chili abschmecken.

TIPP: Die Sauce passt beispielsweise zu Nudeln und gedünstetem Gemüse.

SCHOKO-KOKOS-AUFSTRICH

AB BEIKOSTREIFE

FÜR 220 ML (10 PORTIONEN) • 5 MIN. ZUBEREITUNG • 4 STD. KÜHLEN

1 kleine Dose Kokosmilch (200 g) • 1 EL Kakaopulver • 1 Msp. gemahlene Bourbon-Vanille • 1 TL Dattelsirup (nach Belieben) • 1 Schraubglas (220 ml)

1 Die Dose Kokosmilch für ca. 3 Std. in den Kühlschrank stellen. Öffnen, den festen Teil mit einem Löffel herausnehmen und in eine Schüssel geben.

2 Das Kakao- und Vanillepulver und nach Belieben den Dattelsirup dazugeben. Alles mit einem Löffel zu einer glatten Masse verrühren. Dann in ein sauberes Schraubglas füllen und mind. 1 Std. im Kühlschrank festwerden lassen. Auf Toastbrot oder Waffeln servieren.

SPINATPESTO

AB BEIKOSTREIFE

FÜR 2 ERWACHSENE UND 1 KIND • 12 MIN. ZUBEREITUNG

1 Knoblauchzehe • 50 g Spinat • 30 g Basilikum • 30 g Kürbiskerne • 20 g Cashewkerne • 50 ml Olivenöl • 30 g geriebener Parmesan • Salz • Schwarzer Pfeffer

1 Den Knoblauch schälen. Den Spinat waschen, verlesen und trocken schleudern. Das Basilikum kalt abbrausen, trocken schütteln und die Blättchen abzupfen.

2 Knoblauch, Spinat, Basilikum, Kürbis- und Cashewkerne, Öl und Parmesan in einen hohen Mixbecher geben und mit einem Pürierstab zu einem cremigen Pesto mixen. Für eine flüssigere Konsistenz mehr Öl dazugeben und erneut pürieren.

3 Die Portion fürs Kind entnehmen, den Rest für die Großen kräftig mit Salz und Pfeffer abschmecken.

TIPP: Das Pesto schmeckt zu Nudeln oder als Topping für Ofenkartoffeln.

LIEBER VEGAN: Wer das Pesto rein pflanzlich zubereiten möchte, verwendet statt Parmesan 20 g Cashewkerne mehr und 10 g Hefeflocken.

GEMÜSEQUICHE-SCHNITTEN

AB PINZETTENGRIFF

FÜR 2 ERWACHSENE UND 2 KLEINKINDER
20 MIN. ZUBEREITUNG
30 MIN. BACKEN

50 g Salatkernmischung
1 Zucchino
1 gelbe Paprika
1 rote Zwiebel
200 g Mehl
1 TL Weinstein-Backpulver
2 EL TK-Kräutermischung
180 g geriebener Käse (z. B. Emmentaler)
4 Eier (M)
300 ml Pflanzendrink (z. B. aus Erbse)

1 Die Salatkernmischung in einem Mixer fein mahlen (ersatzweise sehr fein hacken). Den Zucchino waschen, putzen und 0,5 cm groß würfeln. Die Paprika waschen, halbieren, von den Kernen und weißen Trennwände befreien, dann 0,5 cm groß würfeln. Die Zwiebel schälen und sehr fein würfeln.

2 Den Backofen auf 190° (Umluft) vorheizen. In einer großen Schüssel Mehl, Backpulver, gemahlene Saaten, Kräuter sowie den geriebenen Käse mischen. Die Eier separat mit der Pflanzenmilch glatt rühren, dann unter die trockenen Zutaten mischen. Zuletzt das geschnittene Gemüse unterheben.

3 Die Masse auf ein mit Backpapier belegtes Backblech geben und glatt streichen. Im heißen Ofen (Mitte) 25–30 Min. backen. Dann herausnehmen und in längliche Stücke schneiden. Vor dem Servieren die Portion fürs Kind gut auskühlen lassen.

TIPP: Wenn ein Baby mitisst, das geschnittene Gemüse vorher ca. 4 Min in kochendem Wasser blanchieren.

MEHR WÜRZE: Auf dem Blech könnt ihr sehr gut eine Hälfte mit Kräutersalz und Chiliflocken würzen, so wird es für die Großen aromatischer.

HEISSE SCHOKOLADE

AB KLEINKINDALTER

FÜR 2 PORTIONEN • 5 MIN. ZUBEREITUNG

300 ml Mandeldrink ohne Zucker • 20 g dunkle Schokolade (100 %) • 2 ½ TL Kakaopulver • 2 TL Dattelsüße • 100 g Sahne

1 Den Mandeldrink mit der Schokolade, 2 TL Kakao sowie Dattelsüße in einen kleinen Topf geben. Langsam unter Rühren erwärmen, sodass die Schokolade schmilzt und der Kakao sich gut auflöst.

2 Die Sahne steif schlagen. Die heiße Schokolade in zwei Becher füllen, Sahnekleckse daraufgeben und mit dem restlichen Kakao bestäubt servieren.

ERDBEERSAUCE

AB BEIKOSTREIFE

FÜR 500 ML • 10 MIN. ZUBEREITUNG

500 g Erdbeeren • 1 Msp. gemahlene Bourbon-Vanille • 1 Msp. Agar-Agar

1 Die Erdbeeren verlesen, waschen und putzen. Dann in einem kleinen Topf fein pürieren. Das Püree mit Vanille und Agar-Agar glattrühren. Alles einmal aufkochen und bei mittlerer Hitze ca. 4 Min. köcheln lassen.

2 Die Sauce wird beim Abkühlen cremig fest. Gut verschlossen ist sie ca. 3 Tage im Kühlschrank haltbar, sie kann aber auch portionsweise tiefgekühlt werden.

TAUSCHTIPP: Statt mit Agar-Agar klappt das Rezept auch mit Flohsamenschalen. Dafür das Erdbeerpüree kalt mit Vanille und Flohsamenschalen mischen.

MÜSLIRIEGEL MIT GEMÜSE

AB PINZETTENGRIFF

1 Den Backofen auf 160° vorheizen. Eine Auflaufform mit Backpapier auslegen. Die Pastinake putzen, schälen und fein reiben. Die Feigen mit dem Obstmark, dem Pflanzendrink sowie dem Erdnussmus in einen Mixer geben und fein pürieren.

2 Dinkelflocken, Amaranth, Sonnenblumenkerne und Hanfsamen hinzufügen. Die geriebene Pastinake ebenfalls dazugeben und alles zügig mischen, dazu mehrfach pulsierend mixen, sodass eine kompakte Masse entsteht.

3 Die Riegelmischung ca. 0,8 cm hoch in die Auflaufform füllen und glatt streichen. Im heißen Ofen (Mitte) ca. 25 Min. backen. Dann herausnehmen und in der Form mind. 30 Min. abkühlen lassen. Anschließend auf einem Holzbrett in 2,5 cm breite und 7 cm lange Riegel schneiden.

FÜR 14 STÜCK
10 MIN. ZUBEREITUNG
25 MIN. BACKEN

1 Pastinake (ersatzweise 1 Möhre)
70 g Soft-Feigen
180 g Obstmark (z. B. Apfelmark)
50 ml Pflanzendrink
1 EL Erdnussmus
100 g Dinkelflocken (ersatzweise Haferflocken)
40 g gepuffter Amaranth
2 EL Sonnenblumenkerne
2 EL geschälte Hanfsamen

Außerdem:
1 kleine Auflaufform

MILCHSHAKE MIT 4 VARIANTEN

AB KLEINKINDALTER

FÜR 2 PORTIONEN • 5 MIN. ZUBEREITUNG

1 TK-Banane in Stücken • 200 g Seidentofu • 200 ml Mandeldrink ohne Zucker • 1 Msp. gemahlene Bourbon-Vanille

1 Bananenstücke, Tofu, Mandeldrink und Vanille in einen Hochleistungsmixer geben und schön cremig pürieren (alternativ mit dem Pürierstab mixen, dann die Bananen vorher ca. 20 Min. antauen lassen).

2 Den Shake in Gläser füllen und servieren.

TIPP: Dieses Rezept ist die perfekte Resteverwertung für überreife Bananen. Einfach am Tag vorher schälen, in Stücke brechen und tiefkühlen.

Schokoshake

+ 1 EL Kakao
+ 1 EL Mandelmus

Den Basismilchshake mit Kakao und Mandelmus pürieren. Nach Belieben zum Servieren noch etwas Kakao auf die Shakes stäuben.

Erdbeershake

+ 100 g TK-Erdbeeren
+ 4 gefriergetrocknete Erdbeeren

Den Basismilchshake mit den Erdbeeren pürieren und in Gläser füllen. Die gefriergetrockneten Erdbeeren in einem Mörser fein mahlen und darüber streuen. Mit einem Strohhalm servieren.

Erdnussshake

+ 4 EL Erdnussmus
+ 1 TL Ceylon-Zimtpulver

Den Basismilchshake mit Erdnussmus und Zimt pürieren. Auf Wunsch etwas Zimt zum Servieren darüberstäuben.

Goldener Shake

+ 1 TL gemahlene Kurkuma
+ 4 Datteln (entsteint)
+ 1 Prise Ceylon-Zimtpulver

Den Basismilchshake mit Kurkuma und Datteln pürieren, in Gläser füllen und mit Zimt bestäuben. Am besten mit einem Strohhalm servieren.

DESSERTS

ZUCKERFALLEN UND UNSERE ALTERNATIVEN

Nachtisch – das Süße, das man essen darf, wenn der Teller leer ist. Oder wartet mal … das war vielleicht früher so, aber jetzt sollten wir diese Regel ganz schnell abschaffen. Wir finden nämlich, der Teller muss niemals leer gegessen werden und Süßes in Maßen darf es unabhängig von den Hauptmahlzeiten geben. In diesem Kapitel wollen wir euch einige klassische Desserts und Süßspeisen in ihrer zuckerfreien Variante zeigen. Süß sind sie natürlich trotzdem – immerhin geht es ja um Süßkram. Tatsächlich greifen wir hier auf natürliche Alternativen wie Trockenfrüchte und Obstmark zurück. So erhalten wir eine feine Süße, die aber niemals unnatürlich schmeckt. Übrigens: Viele klassische Desserts sind nicht nur aufgrund ihres Zuckergehalts für Babys und Kleinkinder ungeeignet, sondern weil sie Alkohol (manchmal auch kleinteilige Lebensmittel) enthalten.

GUMMIBÄRCHEN UND CO.

Saure Schlangen, Gummitiere oder Weingummi – viele Namen für einen Klassiker. Und dieser lässt sich wirklich kinderleicht selbst und zuckerfrei zubereiten. Dazu braucht es nur reife Früchte – frisch oder TK – , Fruchtsaft und ein Geliermittel. Unsere Wahl fällt auf Agar-Agar, denn es ist vegan, sehr lange haltbar und ganz einfach anzuwenden. Für Babys können es simple Fruchtwürfel sein, größere Kinder freuen sich über besondere Formen (etwa mit gekauften Silikonformen in Lego-Optik) oder auch über zweifarbige Gums. Varianten bekommt ihr, indem ihr Joghurtgums macht, Obst oder Kräuter ganz fein hineinschneidet oder die fertigen Gummitiere mit Brausepulver ummantelt.

SCHOKOLADE

Klassische Schoki wird meist erst ab dem Kindergartenalter interessant – nämlich dann, wenn andere Kinder Schokocreme auf dem Brot haben, süße Schokoriegel mitbringen oder der Geburtstagskuchen mit Schokoguss überzogen ist. Schokolade besteht in der Regel aus einem großen Teil Kakaobutter. Deshalb lässt sie sich auch so leicht selbst machen. In der Regel reicht es, Kakaobutter mit Kakaopulver zu mischen und dann die persönlichen Wunschzutaten unterzumischen: getrocknete oder gefriergetrocknete Früchte, Gewürze, Cornflakes, Nüsse, Saaten … was euch eben so einfällt und schmeckt. Auch Schokofondue, Schokosauce oder Glasur für einen Kuchen lassen sich auf diese Weise in der zuckerfreien Version herstellen und können euch so den Alltag etwas versüßen.

PUDDING

Wer sein Puddingpulver bisher im Bioladen gekauft hat, war eh meist zuckerfrei unterwegs. Herkömmliche Varianten dagegen sind darauf ausgelegt, dass man kräftig mit Zucker nachsüßt. Wir finden, das muss nicht sein. Deshalb zeigen wir euch, wie ihr Pudding stattdessen mit Obst süßen könnt, beispielsweise mit einer reifen Banane. Diesen Pudding kann man pur, aber auch in Dessertgläsern mit frischen Obst und Müsli servieren. Oder ihr füllt Blätterteigteilchen damit und bestreicht Kuchenböden mit einer zuckerfreien Buttercreme – für Pudding findet ihr bestimmt eine leckere Verwendung!

EISCREME

Zuckerfreies Eis herzustellen ist nicht schwer, die Rezepte dafür kennen wir alle. Denn man kann einfach püriertes Obst, Obst mit Joghurt oder Fruchtsaft sowie Babygläschen einfrieren. Je älter die Kinder werden, umso mehr Raffinesse verlangen sie einem ab. Dann wird eben das zuckerfreie Eis mit bunten Streuseln aus gefriergetrocknetem Obst paniert oder die Waffelhörnchen selbst gemacht. Auch mehrfarbiges Eis macht einiges her. Statt auf Zucker könnt ihr auf schöne Eisförmchen setzen – mittlerweile gibt es welche in Tier- oder anderen lustigen Formen.

KEKSTEIG

Hände hoch, wer durfte den rohen Teig bei Oma immer aus der Schüssel lecken?! Heute wissen wir alle, dass das aufgrund der Salmonellengefahr nicht mehr anzuraten ist. In den 1990ern musste deshalb Cookie Dough her – professionell zubereiteter Keksteig her, der roh schmeckt. Besonders clever: Hier lassen sich super Hülsenfrüchte und reichhaltiges Nussmus einsetzen. Die liefern Nährstoffe und machen lange satt. Die Keksteigbasis könnt ihr dann mit frischen Früchten, Schokolade, Saaten und Flocken verfeinern. Je weicher sie ist, umso besser könnt ihr sie übrigens zweckentfremden und als Brotaufstrich nutzen.

ENERGIEKUGELN

Seit ein paar Jahren sind Energiekugeln voll im Trend. So sehr, dass es sie sogar fertig gerollt im Supermarkt zu kaufen gibt. Das ist aber teuer und leider selten zuckerfrei. Beim Selbermachen könnt ihr immer auch eine gesündere Zutat wie Gemüse (etwa Möhre oder Süßkartoffel) hinzufügen und darauf achten, dass der Anteil an Trockenfrüchten nicht allzu hoch ist. Besonders interessant (und lecker!) werden die Kugeln, wenn man sie in bunten, gefriergetrockneten Früchten wälzt, geröstete Nüsse zum Panieren nimmt oder auf gefärbte Kokosflocken zurückgreift.

FRUCHTLEDER

AB KLEINKINDALTER

1 Die Früchte waschen, auf einem Küchenhandtuch gut abtrocknen und nach Bedarf putzen und entsteinen. Anschließend in einem hohen Mixbecher fein pürieren, wenn nötig noch durch ein Sieb passieren. Dann das Mus auf einem mit Backpapier belegten Backblech sehr dünn (ca. 0,3 cm) ausstreichen.

2 Im Backofen auf 60° (Umluft) für 4–6 Std. trocknen lassen, Vorheizen ist nicht nötig. Währenddessen die Backofentür 2–3 cm geöffnet lassen, damit der Wasserdampf entweichen kann. Dazu etwa einen Holzlöffel in die Backofentür klemmen.

3 Das Fruchtleder nach dem Trocknen in dünne Streifen schneiden und zu Schnecken aufrollen.

FÜR 2 ERWACHSENE UND 1 KIND
10 MIN. ZUBEREITUNG

6 STD. BACKEN
500 g reife Früchte (z. B. Brombeeren oder Aprikosen)

INFO: Sorge wegen der Stromrechnung? Standardöfen verbrauchen bei 60° ca. 0,1 khW/Std., was ca. 0,05 € entspricht.

HEIDELBEER-JOGHURT-SPIESSE

AB KLEINKINDALTER

FÜR 6 SPIESSE • 10 MIN. ZUBEREITUNG • 4 STD. TIEFKÜHLEN

200 g Heidelbeeren • 150 g griechischer Joghurt (10 %) • 1 EL Zitronensaft • 6 Schaschlikspieße

1 Die Heidelbeeren waschen, verlesen und je ca. 15 Stück auf einen Schaschlikspieß stecken. Joghurt und Zitronensaft auf einem flachen Teller mit leicht erhöhtem Rand mischen. Die Beeren auf den Spießen darin wenden, bis sie komplett mit Joghurt überzogen sind. Dann die Spieße nebeneinander auf einen mit Backpapier belegten Teller legen und ca. 4 Std. in den Tiefkühler legen.

2 Zum Servieren herausnehmen und etwas antauen lassen.

TIPP: Für experimentierfreudige Kinder könnt ihr 3–4 Minzblättchen waschen und fein gehackt unter den Joghurt mischen.

VARIANTE: Die Spieße schmecken natürlich auch mit anderem Obst, etwa Himbeeren, Kiwi- und Ananaswürfeln.

ERDNUSS-BANANEN-EISHAPPEN

AB KLEINKINDALTER

FÜR 20 STÜCKE • 15 MIN. ZUBEREITUNG • 4 STD. TIEFKÜHLEN

250 g Kokosjoghurt • 4 EL Orangensaft (am besten frisch gepresst) • 2 reife Bananen • 3 EL Erdnussmus • 1 EL Hanfsamen • Auflaufform (20 × 30 cm, ersatzweise rundes Pizzablech)

1 Eine Auflaufform mit Backpapier (oder Klarsichtfolie) auslegen. Den Joghurt mit dem Saft verrühren, ca. 0,5 cm hoch einfüllen und glattstreichen. Die Banane schälen und in 0,5 cm dicke Scheiben schneiden, diese relativ dicht auf dem Joghurt verteilen. Das Erdnussmus sehr cremig rühren und mit einem Löffel in Streifen darüberträufeln. Die Hanfsamen darüberstreuen. Die Form mind. 4 Std. in den Tiefkühler stellen.

2 Zum Servieren die Joghurtplatte aus dem Tiefkühler nehmen und mit einem scharfen Messer oder den Händen in kleine handliche Stücke brechen. Die Eishappen können bis zu 3 Monate tiefgekühlt werden.

FROZEN-CHEESE-CAKE-POPSICLES

AB KLEINKINDALTER

FÜR CA. 10 STÜCK
15 MIN. ZUBEREITUNG
4 STD. TIEFKÜHLEN

4 EL zuckerfreies Müsli (oder 80 g zuckerfreie Kekse)
180 g griechischer Joghurt (10 %)
100 g Frischkäse
2 EL Zitronensaft
1 Msp. gemahlene Bourbon-Vanille
50 g Heidelbeeren
50 g Himbeeren

Außerdem:
10 Mini-Muffinförmchen (ersatzweise kleine Eisförmchen oder große Eiswürfelformen)
10 Eisspieße aus Holz

1 Das zuckerfreie Müsli ca. 0,5 cm hoch in die Förmchen füllen. Den Joghurt, Frischkäse, Zitronensaft sowie Vanille in einer Schüssel glatt rühren, dann gleichmäßig auf die Formen verteilen und mit dem Löffelstiel ganz wenig verrühren, so dass sich das Müsli etwas mit der Masse mischt.

2 Die Beeren waschen und verlesen, dann auf der Joghurtcreme verteilen und leicht eindrücken. Jeweils einen Spieß in die Creme stecken. Die Förmchen für min. 4 Std. in den Tiefkühler stellen. Zum Servieren aus den Förmchen lösen.

MELONEN-SLUSH

AB PINZETTENGRIFF

FÜR 3 GLÄSER (CA. 1 LITER) • 5 MIN. ZUBEREITUNG • 5 STD. KÜHLEN

400 g Wassermelone • 1 Limette • 1 Stängel Minze

1 Das Fruchtfleisch der Wassermelone aus der Schale schneiden und in ca. 2 cm große Würfel schneiden, dabei die Kerne möglichst entfernen. Die Stücke in eine flache Form (oder auf einen Teller) geben und ca. 5 Std. tiefkühlen.

2 Die Limette halbieren und auspressen. Die Minze kalt abbrausen, trocken schütteln und die Blättchen abzupfen.

3 Die tiefgekühlten Melonenstücke mit Limettensaft und Minze im Blitzhacker oder Hochleistungsmixer zu einem cremigen Slush mixen. Auf Gläser verteilen und servieren.

TIPP: Ihr könnt die Masse auch in Eisförmchen mit Stiel oder in Beuteln zum Rausdrücken tiefkühlen. So lassen sich auch Slush-Reste hervorragend retten und wiederverwenden.

PANNA-COTTA-GUMS

AB PINZETTENGRIFF

FÜR CA. 40 STÜCK • 15 MIN. ZUBEREITUNG

1 reife Mango (ersatzweise TK-Mangostücke, aufgetaut) • 2 EL Zitronensaft • 1 TL Agar-Agar • 200 g Sahne • 3 EL Traubensaft • Gummibärchenformen aus Silikon (100 Mulden à 1 ml Inhalt, ersatzweise flache Auflaufform)

1 Die Mango schälen, das Fruchtfleisch grob vom Kern schneiden und 100 g in einem Mixbecher pürieren. Den Zitronensaft untermischen. Dann die Masse mit ½ TL Agar-Agar in einem kleinen Topf aufkochen und unter Rühren ca. 4 Min. köcheln lassen Die Masse in die Gummibärchenformen füllen (oder 0,3 cm hoch in die Auflaufform) und ca. 45 Min. fest werden lassen.

2 Die Sahne mit 40 ml Wasser und dem Traubensaft in einem kleinen Topf mischen. Den restlichen ½ TL Agar-Agar zugeben, aufkochen und unter Rühren ca. 4 Min. köcheln lassen. Vom Herd ziehen und die Joghurtmasse mind. 20 Min. abkühlen lassen, anschließend vorsichtig auf die Mangoschicht geben und wieder einige Std. fest werden lassen.

3 Die Gums aus den Förmchen lösen (oder die Masse 1 × 1 cm groß würfeln). Sie halten sich ca. 1 Woche im Kühlschrank.

TIPP: Die Menge Agar-Agar kann variieren. Meist ist auf der Packung angegeben, wie viel für 500 g benötigt wird – diese Menge dann am besten halbieren und wie oben beschrieben zubereiten. Statt der Sahne schmecken die Gums auch mit Kokosmilch sehr lecker.

FRUCHTROLLE

AB BEIKOSTREIFE

FÜR 5 STÜCK
25 MIN. ZUBEREITUNG

Für die Crêpes:
130 g Dinkelmehl (Type 630)
1 TL Rote-Bete-Pulver (nach Belieben)
300 ml Haferdrink (ohne Zucker)
1 TL Öl

Für die Creme:
100 ml Sahne
1 TL Speisestärke
50 g Mascarpone
¼ TL gemahlene Bourbon-Vanille

Für die Füllung:
1 Kiwi
6 Physalis
1 Nektarine

1 Mehl und Rote-Bete-Pulver in einer Schüssel mischen. Dann den Haferdrink dazugeben und mit dem Schneebesen zu einem klümpchenfreien Teig verrühren. Quellen lassen.

2 Inzwischen für die Creme die Sahne in einem hohen Mixbecher etwas aufschlagen. Die Speisestärke einrieseln lassen und die Sahne mit den Rührbesen des Handrührgeräts steif schlagen. Mascarpone und Vanille dazugeben und vorsichtig unterheben. Luftdicht verschließen und in den Kühlschrank stellen.

3 1 TL Öl in einer Crêpepfanne erhitzen und etwas Teig in die Pfanne geben. Durch Schwenken dünn verteilen und ca. 2 Min. bei mittlerer Hitze ausbacken lassen. Vorsichtig wenden und weitere 1–2 Min. backen. Herausnehmen und den übrigen Teig portionsweise zu insgesamt 5 Crêpes ausbacken.

4 Für die Füllung die Kiwi schälen und fein würfeln. Die Physalis aus der Schale lösen und vierteln. Die Nektarine waschen, halbieren, entsteinen und das Fruchtfleisch klein würfeln. Das Obst zur Mascarpone-Sahne-Creme geben und vorsichtig unterheben.

5 Je 2 geh. EL Füllung auf einen Crêpe geben und vorsichtig verteilen. Dann die Crêpes aufrollen und servieren.

TIPP: Wenn ihr kein Rote-Bete-Pulver bekommt, könnt ihr auch Rote-Bete-Saft anstelle des Haferdrinks verwenden.

COOKIE-DOUGH-CREME

AB KLEINKINDALTER

FÜR 3 PORTIONEN • 15 MIN. ZUBEREITUNG

5 Medjool-Datteln • 1 Dose Kichererbsen (240 g Abtropfgewicht) • 50 g dunkle Schokolade (100 %) • 50 g Heidelbeeren • 75 g Cashewmus (ersatzweise Mandelmus) • 1 EL Tahin (Sesampaste, ersatzweise Nussmus) • 25 g Mandelmehl (ersatzweise Hafermehl) • ¼ TL gemahlene Bourbon-Vanille • 3 EL Haferdrink (ohne Zucker)

1 Die Datteln in einer Schüssel mit heißem Wasser übergießen und ca. 10 Min. einweichen lassen. Anschließend das Wasser abgießen.

2 Inzwischen die Kichererbsen in ein Sieb abgießen und abspülen. Die Schokolade fein hacken. Die Beeren waschen, verlesen und abtropfen lassen.

3 Datteln, Kichererbsen, Cashewmus, Tahin, Mandelmehl, Vanille und Haferdrink in einem Hochleistungsmixer cremig pürieren. Falls nötig, etwas mehr Haferdrink dazugeben.

4 Die Schokostückchen und Heidelbeeren unterheben. Die Creme eignet sich als süßer Nachtisch zum Löffeln und als Brotaufstrich. Reste in einem Schraubglas kaltstellen.

BANANEN-BEEREN-PUDDING

AB BEIKOSTREIFE

FÜR 4 PORTIONEN • 12 MIN. ZUBEREITUNG

100 g Heidelbeeren • 1 Handvoll Himbeeren • 1 reife Banane • 1 Pck. Vanille-Puddingpulver • 400 ml Haferdrink (ohne Zucker; ersatzweise Milch)

1 Die Beeren waschen und verlesen. Die Heidelbeeren mit einer Gabel grob zerdrücken.

2 Die Banane schälen, in grobe Stücke brechen und in einem hohen Mixbecher mit dem Haferdrink pürieren. Das Puddingpulver mit 50 ml Bananen-Haferdrink glattrühren. Die restlichen 350 ml in einem kleinen Topf zum Kochen bringen und die Puddingpulver-Mischung einrühren. Alles einmal aufkochen, dann ca. 4 Min. bei kleiner Hitze köcheln lassen. Dabei gelegentlich umrühren.

3 Vier Schälchen bereitstellen und jeweils ca. 1 EL Pudding hineingeben. Die zerdrückten Heidelbeeren jeweils darauf verteilen, dann den Rest Pudding darüber geben. Den Pudding mit den Himbeeren garnieren und bis zum Servieren erkalten lassen.

TIPP: Nach Geschmack könnt ihr auch andere Beeren oder Früchte verwenden. Auch TK-Beeren passen. Diese in einem kleinen Topf einmal aufkochen lassen und dann weiterverwenden.

VARIANTE: Das Rezept schmeckt auch super mit Schoko-Puddingpulver!

GUMMIBÄRCHEN

MIT ETWAS ÜBUNG

FÜR 70 STÜCK • 15 MIN. ZUBEREITUNG • 15 MIN. RUHEN • 40 MIN. KÜHLEN

100 ml Karottensaft • 1 Msp. gemahlene Kurkuma • ¾ TL Agar-Agar • 2 TL Dattelsüße (nach Belieben) • Gummibärchenformen aus Silikon (100 Mulden à 1 ml Inhalt) • Pipette

1 Den Saft in einen kleinen Topf geben und die Kurkuma mit einem Schneebesen unterrühren. Das Agar-Agar und nach Belieben Dattelsüße einrieseln lassen und klümpchenfrei einrühren. Dann alles einmal aufkochen und bei kleiner Hitze ca. 5 Min. unter Rühren köcheln lassen. Anschließend den Topf vom Herd nehmen.

2 Die Saftmischung mit der Pipette zügig in die Mulden der Förmchen tropfen und ca. 15 Min. abkühlen lassen. Anschließend für ca. 40 Min. in den Kühlschrank geben.

3 Wenn die Gummibärchen fest geworden sind, vorsichtig aus der Form lösen und in einer Dose oder einem Schraubglas aufbewahren. Sie halten sich im Kühlschrank ca. 8 Tage.

TIPP: Statt Karottensaft könnt ihr auch Orangensaft mit etwas Zimt oder Apfelsaft mit gemahlener Bourbon-Vanille verwenden.

BUNTE BÄRCHEN: Für zweifarbige Süßigkeiten die Mulden nur halbvoll machen und nach ca. 25 Min. Ruhezeit die zweite Mischung vorsichtig darübergießen, bis die Mulden vollständig gefüllt sind.

BRUCHSCHOKOLADE MIT FRÜCHTEN

AB KLEINKINDALTER

FÜR 2 TAFELN (À CA. 125 G) • 20 MIN. ZUBEREITUNG • 12 MIN. WARTEN • 1 STD. 30 MIN. KÜHLEN

120 g Kakaobutter • 50 g Dattelsüße • 60 g Rohkakaopulver (ersatzweise Kakaopulver) • ½ TL gemahlene Bourbon-Vanille • 3 EL gefriergetrocknete Himbeeren • 3 EL gefriergetrocknete Erdbeeren

1 Zwei große Holzbretter mit jeweils einem Bogen Backpapier belegen. Die Kakaobutter in eine Schüssel geben und über dem heißen Wasserbad schmelzen. Dattelsüße, Kakao und Vanille in die geschmolzene Kakaobutter sieben und alles mit einem Schneebesen gründlich verrühren.

2 Die flüssige Masse vorsichtig in zwei Portionen auf das Backpapier gießen und je dünn auf eine Größe von ca. 15 × 25 cm ausstreichen. Die Masse anschließend ca. 12 Min. auskühlen lassen.

3 Inzwischen die gefriergetrockneten Früchte in einen Gefrierbeutel geben und etwa mit einem Kartoffelstampfer vorsichtig zerdrücken. Die Fruchtstücke auf die Schokomasse streuen. Diese dann eben stehend für min. 1 Std. 30 Min. in den Kühlschrank geben.

4 Anschließend die Schokolade herausnehmen und in Stücke brechen. In einem Schraubglas im Kühlschrank hält sie bis zu 3 Monate.

SCHOKOFONDUE

AB KLEINKINDALTER

1 Das Cashewmus mit dem Sojadrink und dem Kakao glatt rühren und in einem kleinen Topf leicht erhitzen. Inzwischen das Obst waschen, putzen, wenn nötig entsteinen und in mundgerechte Stücke schneiden.

2 Das Schokofondue in ein kleines Rechaud (oder in kleine Sushischälchen) füllen und auf den Tisch stellen. Das Obst mit Fonduestäbchen eintunken und genießen.

FÜR 2 ERWACHSENE UND 1 KLEINKIND
20 MIN. ZUBEREITUNG

6 EL Cashewmus
80 ml Sojadrink (ersatzweise anderer Pflanzendrink)
2 EL Kakaopulver
600 g Obst (z. B. Erdbeeren, Trauben, Himbeeren)

TIPP: Auch Pancakestücke, zuckerfreier Biskuit oder Waffeln lassen sich toll in die Sauce dippen.

CREMIGE KOKOS-KUGELN

AB BEIKOSTREIFE

1 Kokosöl, Kokosmus und Mandelmus in einem kleinen Topf bei kleiner Hitze schmelzen. Vanille und 60 g Kokosraspel dazugeben und unterrühren. Die Masse in eine Metallschüssel umfüllen und in ca. 1 Std. im Kühlschrank fest werden lassen.

2 Die restlichen 20 g Kokosraspel auf einen flachen Teller geben. Die Kokosmasse herausnehmen und mit einem Melonenausstecher (oder Teelöffel) Kugeln abnehmen. Diese mit den Händen leicht in Form bringen und vorsichtig in den Kokosraspeln wenden. Anschließend auf einem Teller für weitere 30 Min. in den Kühlschrank geben. Dort halten sich die Kugeln ca. 4 Wochen.

FÜR 24 STÜCK
15 MIN. ZUBEREITUNG
1 STD. 30 KÜHLEN

50 g Kokosöl
175 g Kokosmus
20 g weißes Mandelmus (ersatzweise Kokosmus)
2 Msp. gemahlene Bourbon-Vanille
80 g Kokosraspel

Außerdem:
Melonenausstecher

TIPP: Für die Erwachsenen könnt ihr die Kugeln mit Mandeln füllen: Jeweils eine blanchierte Mandel in die Mitte der Kugel drücken und diese erneut rund formen.

LIEBLINGE DURCHS JAHR

ZUCKERFALLEN UND UNSERE ALTERNATIVEN

Gerade in Familie mit kleinen Kindern bekommen Feste und Feiertage nochmal eine ganz neue Bedeutung. Wir möchten unseren Kindern mitgeben, was wir selbst früher so geschätzt haben. In der Faschingszeit sind das süße Krapfen, zum Laternenumzug die klassische St.-Martins-Brezel, im Advent der Stollen und zu Weihnachten natürlich Plätzchen und Kekse. Besonders zu Festzeiten ist es wirklich schwer, auf Zucker zu verzichten, weil man oft eingeladen und viel unterwegs ist. Damit die Ausnahmen leichter fallen, zeigen wir, wie ihr die absoluten Klassiker spielend leicht zuhause ohne Zucker zubereiten könnt.

HEFEGEBÄCK (MIT FÜLLUNG)

Entgegen der Behauptung, dass Hefe (zugesetzten) Zucker zum Gehen braucht, werden Hefeteige auch ohne Zucker wunderbar. Denn auch Mehl enthält ausreichend Zuckermoleküle. Besonders gut klappt es mit Weizenmehl, aber auch aus Dinkelmehl kann man tolle Hefeteige zaubern. Die sind perfekt geeignet für gebackene Hefehasen, Osterzopf und Osterpinzen, frittiert ergeben sie köstliche Quarkkrapfen und Berliner. Füllen und servieren könnt ihr sie mit zuckerfreiem Fruchtaufstrich.

KEKSE UND PLÄTZCHEN

Vor allem zu Weihnachten muss der Plätzchenteller einfach gut gefüllt sein, oder? Die gute Nachricht ist: Auch Weihnachtskekse gelingen ohne Zucker. Viele Rezepte arbeiten mit aromatischen Teigen mit hohem Nussanteil – und die schmecken eben auch ohne den weißen Rübenzucker. Weihnachtliche Gewürze wie Zimt, Nelken, Anis, Vanille oder Gewürzmischungen bringen ebenfalls etwas Süße mit. Besonders liebgewonnene Klassiker könnt ihr auch mit Dattelsüße nachbacken, das klappt normalerweise sehr gut. Zum Verzieren der Plätzchen können euch gefriergetrocknete Früchte oder zuckerfreie Lebensmittelfarbe aus Spirulina, Rote Bete oder Kurkuma viel Freude bringen – vor allem im Bioladen gibt es hier eine große Auswahl.

LEBKUCHEN

Ob klassisch rund mit Schokoüberzug, als Elisenlebkuchen oder als Lebkuchenhaus – ohne Lebkuchen geht es bei uns an Weihnachten nicht! Unsere zuckerfreie Variante ist vollgepackt mit Saaten und Nüssen. So machen die Lebkuchen nicht nur satt, sie sind auch Nährstoffbomben. Wenn ihr sie an Erwachsene verschenken wollt, reicht es meist, ein paar zuckerfreie Schokodrops zu ergänzen – die bringen Extraaroma mit in den Teig. Einzig die Haltbarkeit ist bei zuckerfreien Lebkuchen und Weihnachtsgebäck verringert.

CUPCAKES

Bunte Streusel, gezuckerte Sahne oder reichhaltiges Frosting, so sehen die klassischen Törtchen mit Topping aus den USA aus. Dabei könnt ihr ein Frosting auch ganz einfach ohne Zucker herstellen, beispielsweise mit dem feinen Aroma von Zitronen- und Orangenschale sowie einer fetthaltigen Sahne. Dekorieren könnt ihr mit bunten Fähnchen, Snackpieksern, gehackten Nüssen, Saaten und Flocken oder bunt gefärbten Streuseln.

KNALLBONBONS

Sie stehen bei uns stellvertretend für Süßigkeiten zu besonderen Ereignissen rund ums Jahr wie Silvester und Halloween. Mittlerweile hat der Trend, Süßigkeiten zu Halloween an den Türen einzusammeln, auch Deutschland erreicht. Wer auf die Frage »Süßes oder Saures?« etwas zuckerfreies parat haben möchte, kann Knallbonbons, Halloweenbrezeln oder gruselige Hotdogs selbst machen. Hier könnt ihr auch sehr gut deftige Zutaten verarbeiten. Denn den meisten Kindern geht es nicht unbedingt um Süßes, sondern um das Mitmachen.

Online fündig werden: Manchmal ist es aus Überzeugung oder gesundheitlichen Gründen nicht möglich, Ausnahmen zu machen. Wie gut, dass es mittlerweile sehr viele, meist inhabergeführte Unternehmen gibt, die zu besonderen Anlässen zuckerfreie, zuckerreduzierte und auch glutenfreie Torten, Kuchen und Gebäck anbieten. Und gerade dann lohnt es sich, auch mal im Netz zu stöbern und sich etwas Feines zu gönnen.

HEFEHASEN

AB BEIKOSTSTART

FÜR 8 STÜCK • 25 MIN. ZUBEREITUNG • 18 MIN. BACKEN • 1 STD. RUHEN

280 ml Pflanzendrink • 125 g Margarine • 1 Pck. Trockenhefe (7 g) • 600 g Mehl • 1 Msp. gemahlene Bourbon-Vanille • 50 g Apfelmark

1 Den Pflanzendrink und die Margarine in einem kleinen Topf handwarm erwärmen. Die Trockenhefe einrühren und wenige Min. zur Seite stellen.

2 Inzwischen Mehl, Vanille und Apfelmark in eine große Schüssel geben. Die Hefemilch dazugeben und alles mit den Knethaken des Handrührgeräts zu einem geschmeidigen Hefeteig rühren. Diesen abgedeckt an einem warmen Ort ca. 1 Std. ruhen lassen.

3 Den Backofen auf 180° vorheizen. Den Hefeteig auf der bemehlten Arbeitsfläche in 8 Portionen teilen. Jeweils ca. 1 walnussgroße Portion Teig abnehmen und rund rollen. Die restlichen Teigstücke in ganz wenig Mehl zu ca. 25 cm langen Teigschlangen rollen. Diese so verdrehen, dass unten ein dickes Teigstück liegt und oben zwei Ohren erkennbar sind. Die Teigkugeln als Puschel auf das dicke Stück legen.

4 Die Hefehasen im heißen Ofen (Mitte) in ca. 18 Min. goldbraun backen. Dann herausnehmen und abkühlen lassen.

HASENKEKSE

AB BEIKOSTREIFE

FÜR 40 STÜCK • 20 MIN. ZUBEREITUNG • 12 MIN. BACKEN

150 g Mehl • ½ TL Weinstein-Backpulver • 1 EL neutrales Öl • 1 EL Tahin (Sesampaste) + 1 TL für die Creme • 40 g Frischkäse • ¼ TL edelsüßes Paprikapulver • Plätzchenausstecher in Hasenform

1 Den Backofen auf 180° vorheizen. Mehl mit Backpulver in einer Schüssel mischen. Öl, Tahin und 150 ml Wasser dazugeben und alles mit den Händen zu einem homogenen Teig verkneten. Auf der leicht bemehlten Arbeitsfläche ca. 0,5 cm dick ausrollen. Kekse ausstechen und mit wenig Abstand auf ein mit Backpapier belegtes Blech legen.

2 Die Hasenkekse im heißen Ofen (Mitte) in 10–12 Min. goldbraun backen. Herausnehmen und vollständig auskühlen lassen.

3 Inzwischen den restlichen TL Tahin mit Frischkäse und Paprikapulver glattrühren. Jedem Hasen aus einen Tupfer Creme ein Schwänzchen aufsetzen.

KRAPFEN MIT HIMBEERFÜLLUNG

AB BEIKOSTREIFE

8 STÜCK
45 MIN. ZUBEREITUNG
1 STD. GEHEN

50 ml Pflanzendrink
½ Würfel Hefe (21 g)
400 g Dinkelmehl (Type 630)
1 Ei (M)
300 ml Bratöl
250 g Magerquark
125 g Himbeeren
3 EL Chia-Samen

1 Den Pflanzendrink lauwarm erwärmen. Die Hefe hineinbröckeln und mit etwas Mehl bestäuben.

2 Ei, 2 EL Öl und Quark in einer großen Schüssel glatt rühren. Die Hefe-Mehl-Mischung sowie das restliche Mehl zugeben und alles mit den Knethaken des Handrührgeräts zu einem weichen Hefeteig rühren. Den Teig abgedeckt an einem warmen Ort ca. 1 Std. gehen lassen.

3 Inzwischen für die Fruchtfüllung die Himbeeren verlesen, waschen und glatt pürieren. Mit den Chia-Samen glattrühren und ca. 1 Std. quellen lassen.

4 Die restlichen 280 ml Öl in einer kleinen Pfanne 2 cm hoch erhitzen. (Das Öl sollte ca. 80° haben; wenn kleine Bläschen an einem Holzstäbchen aufsteigen, ist es heiß genug). Dann esslöffelweise Teig ins heiße Öl geben und 3–4 Krapfen gleichzeitig ausbacken. Zunächst ca. 4 Min. backen, dann mithilfe zweier Gabeln wenden und goldbraun fertig backen – lieber länger bei kleiner Temperatur backen, damit der Teig innen gar wird. Dann die Krapfen herausnehmen und auf Küchenpapier entfetten.

5 Die Himbeercreme mithilfe einer Fülltülle in die Krapfen geben (alternativ die Krapfen aufschneiden und mit der Füllung bestreichen). Die Krapfen frisch servieren.

KLEINE SANKT-MARTINS-BROTE

AB BEIKOSTREIFE

1 Die Äpfel waschen, putzen, halbieren und entkernen. Dann grob reiben. Die Apfelraspel in einer großen Schüssel mit Ricotta, Olivenöl und Apfelsaft sehr gut mischen. Dann Mehl, Backpulver sowie Puddingpulver zugeben und die Masse mit einem Esslöffel oder den Händen gut mischen.

2 Den Backofen auf 180° vorheizen. Den Teig in 6 Portionen teilen und zu länglichen Brötchen (ca. 2,5 × 4 × 8 cm) formen. Diese auf ein mit Backpapier belegtes Blech legen.

3 Die Brötchen im heißen Ofen (Mitte) in ca. 30 Min. goldbraun backen. Dann herausnehmen und gut auskühlen lassen. Achtung: Sie sind etwas mürbe.

FÜR 6 STÜCK
20 MIN. ZUBEREITUNG
40 MIN. BACKEN

2 kleine Äpfel
120 g Ricotta
50 g Olivenöl
4 EL Apfelsaft
320 g Mehl
1 TL Weinstein-Backpulver
1 TL Vanille-Puddingpulver (zuckerfrei)

TIPP: In herkömmlichem Backpulver stecken Diphosphate als Säuerungsmittel. Bei Weinstein-Backpulver wird auf diese Phosphate verzichtet. Stattdessen kommt Weinsteinsäure zum Einsatz, ein Nebenprodukt bei der Wein- und Sektherstellung.

GEFÜLLTE BREZELN

AB KLEINKINDALTER

FÜR 8 STÜCK • 25 MIN. ZUBEREITUNG • 20 MIN. BACKEN

8 TK-Brezeln (ohne Zucker) • 2 Frühlingszwiebeln • 1 gelbe Paprika • 2 Tomaten • 100 g Käse (z. B. Gouda) • 200 g Schmand • 1 Ei (M)

1 Die Brezeln auf zwei mit Backpapier belegten Blechen ca. 15 Min. antauen lassen.

2 Inzwischen die Frühlingszwiebeln waschen, putzen und fein hacken. Die Paprika waschen, halbieren, weiße Trennwände und Kerne entfernen. Das Fruchtfleisch 0,5 cm groß würfeln. Die Tomaten waschen und halbieren, die Kerne mit einem Löffel herauslösen und anderweitig verwenden. Das Fruchfleisch 0,5 cm groß würfeln. Den Käse reiben.

3 Den Backofen auf 200° Umluft vorheizen. Den Schmand mit Käse, Ei sowie Gemüsewürfeln in einer Schüssel glatt rühren. Die Füllung in die Lücken der Brezeln geben. Dann die Brezeln im heißen Ofen (Mitte) ca. 30 Min. backen.

4 Anschließend herausnehmen und auf dem Blech komplett abkühlen lassen – dann wird die Füllung stabil.

FÜR DIE GROSSEN: Zuerst die Kinderportion zubereiten, dann die Masse kräftig mit Salz und Pfeffer abschmecken.

KÜRBISCUPCAKES

AB BEIKOSTREIFE

FÜR 10 STÜCK • 20 MIN. ZUBEREITUNG • 22 MIN. BACKEN • 30 MIN. KÜHLEN

200 g TK-Kürbiswürfel • 200 ml Pflanzendrink • 250 g Dinkelmehl (Type 630) • 1 EL Weinstein-Backpulver • 1 Msp. gemahlene Bourbon-Vanille + ¼ TL für die Creme • 100 ml Rapsöl • 200 ml kalte Sahne • 3 TL Speisestärke • 100 g Frischkäse • 1–2 EL Dattelsüße • 1 TL Rote-Bete-Pulver • 12er-Muffinblech aus Silikon (ersatzweise 12er-Muffinblech und Fett für die Form)

1 Den Backofen auf 180° vorheizen. Die Silikonmulden kalt ausspülen (oder ein Muffinblech einfetten). Den Kürbis in einem kleinen Topf mit dem Pflanzendrink einmal aufkochen und bei kleiner Hitze in ca. 5 Min. garen. Anschließend fein pürieren.

2 Mehl, Backpulver und 1 Msp. Vanille in einer Schüssel mischen. Kürbispüree und Öl mit einem Holzlöffel zügig unterrühren, bis sich alles gut verbunden hat. Den Teig in die Mulden füllen und Muffins im heißen Ofen (Mitte) 20–22 Min. backen. Wenn an einem hineingestochenen Holzstäbchen kein Teig mehr kleben bleibt, sind die Muffins fertig. Herausnehmen und mind. 20 Min. abkühlen lassen.

3 Während die Muffins backen, die Creme vorbereiten: Die Sahne in einen hohen Mixbecher füllen und kurz aufschlagen. 2 TL Speisestärke einrieseln lassen und die Sahne steif schlagen. Frischkäse und ¼ TL Vanille in einen zweiten Mixbecher geben und mit dem restlichen TL Speisestärke aufschlagen. Dattelsüße und Rote-Bete-Pulver unterrühren. Anschließend die Sahne vorsichtig unter die Frischkäsecreme heben. Luftdicht verschließen und bis zur Verwendung in den Kühlschrank stellen.

4 Zum Servieren die Creme mithilfe einer Tülle auf die Muffins geben.

LEBKUCHEN

AB BEIKOSTREIFE

1 Die Leinsamen in einer kleinen Schüssel mit 3 EL heißem Wasser mischen und ca. 10 Min. quellen lassen.

2 Inzwischen Mandeln, Sonnenblumenkerne, Haselnüsse, Hafermehl, Backpulver und Gewürze in einer großen Schüssel mischen. Pflaumen und Kokosöl mit dem Pflanzendrink in einen hohen Mixbecher geben und mit dem Pürierstab fein mixen. Das Apfelmark unterrühren.

3 Die gequollenen Leinsamen und die feuchten Zutaten zu den trockenen Zutaten geben, alles gründlich mit einem Holzlöffel verrühren. Dann alles abgedeckt ca. 15 Min. quellen lassen. Inzwischen den Backofen auf 180° vorheizen.

4 Mit feuchten Händen je ca. 1 EL Teig abnehmen und zu Kugeln formen. Mit etwas Abstand auf zwei mit Backpapier belegte Bleche legen und mit einem Löffel etwas plattdrücken.

5 Die Lebkuchen im heißen Ofen (Mitte) ca. 25 Min. backen. Dann herausnehmen und abkühlen lassen. Luftdicht verpackt halten sie sich bis zu 5 Tage, die Lebkuchen lassen sich aber auch gut einfrieren.

FÜR 44 STÜCK
20 MIN. ZUBEREITUNG
15 MIN. WARTEN
25 MIN. BACKEN

1 EL geschrotete Leinsamen
100 g gemahlene Mandeln
100 g gemahlene Sonnenblumenkerne
100 g gemahlene Haselnusskerne
50 g Hafermehl
3 TL Weinstein-Backpulver
1 EL Lebkuchengewürz
2 TL Ceylon-Zimtpulver
50 g Soft-Pflaumen
50 g Kokosöl
100 ml Pflanzendrink
200 g Apfelmark

TIPP: Wer keine große Menge backen möchte, kann die Zutaten auf die Hälfte reduzieren und nur ein Blech nutzen.

SCHOKOTIPP: Für super schokoladigen Genuss 100-Prozent-Schokolade schmelzen und die Lebkuchen damit beträufeln.

WEIHNACHTS-MANN-MUFFINS

AB BEIKOSTREIFE

FÜR 12 STÜCK
20 MIN. ZUBEREITUNG
30 MIN. BACKEN
20 MIN. WARTEN

2 reife Bananen
250 g Sojadrink
100 g Bratöl
2 EL Apfelessig
300 g Mehl
1 TL Ceylon-Zimtpulver
1 TL Weinstein-Backpulver
1 TL Natron
1 großer Apfel
200 g Sahne
12 große Erdbeeren
12 kleine rote Trauben

Außerdem:
12er-Muffinblech
12 Papier-Muffinförmchen

1 Die Bananen schälen, in eine Schüssel geben und mit einer Gabel sehr fein zerdrücken. Den Sojadrink und das Öl dazugeben und mit den Rührbesen des Handrührgeräts gut untermischen. Den Essig vorsichtig unterrühren. Mehl, Zimt, Backpulver und Natron zugeben und ebenfalls zügig untermischen.

2 Den Backofen auf 180° vorheizen. Das Muffinblech mit Papierförmchen auslegen. Den Apfel waschen, schälen, halbieren, entkernen und in sehr kleine Würfel schneiden. Diese unter den Teig heben. Dann den Teig gleichmäßig auf die Muffinförmchen verteilen und im heißen Ofen (Mitte) 25–30 Min. backen. Wenn an einem hineingestochenen Holzstäbchen kein Teig mehr kleben bleibt, sind die Muffins fertig. Herausnehmen und auf einem Gitter abkühlen lassen.

3 Sobald die Muffins abgekühlt sind, die Sahne steif schlagen. Die Erdbeeren waschen und entkelchen. Die Trauben waschen. Die Sahne mithilfe einer Tülle auf die Muffins spritzen. Dann je eine Erdbeere mit der Spitze nach oben und je eine Traube daraufgeben, sodass sie aussehen wie kleine Weihnachtsmänner.

TIPP: Für die ganz Kleinen die Trauben je nach Größe nur geviertelt anbieten oder einfach weg lassen.

BLÄTTERTEIG-TANNENBAUM

AB KLEINKINDALTER

FÜR 15 STÜCK • 25 MIN. ZUBEREITUNG • 25 MIN. BACKEN

1 Bund Basilikum • ½ Bund glatte Petersilie • 1 Knoblauchzehen • 70 g Parmesan • 2 EL Kürbiskerne • 90 ml Olivenöl • 1 Ei (M) • 1 Rolle zuckerfreier Blätterteig (Kühlregal) • 20 Holzspieße • sternförmiger Ausstecher

1 Die Holzspieße in Wasser einweichen.

2 Die Kräuter kalt abbrausen, trocken schütteln und die Blättchen abzupfen. Den Knoblauch schälen. Den Parmesan grob würfeln. Kräuter, Knoblauch und Parmesan mit Kürbiskernen und Olivenöl in einen hohen Mixbecher geben und alles zu einem cremigen Pesto pürieren.

3 Den Ofen auf 220° vorheizen. Das Ei in einer kleinen Schale verquirlen. Die Holzspieße auf ein Geschirrtuch legen.

4 Den Blätterteig auseinanderrollen, quer einen ca. 10 cm breiten Streifen abschneiden. Den übrigen Teig mit Pesto besteichen und quer in 15 ca. 2 cm breite Streifen schneiden. Jeden Streifen schlangenförmig auf einen Holzspieß stecken, so dass eine Tannenbaumform entsteht. Aus dem übrigen Teig (ohne Pesto) 10 kleine Sterne ausstechen, den restlichen Teig zu Kugeln formen. Sterne und Kugeln über den Tannenbäumen aufspießen.

5 Die Bäumchen mit wenig Abstand auf ein mit Backpapier belegtes Blech legen und mit dem verquirlten Ei bepinseln. Im heißen Ofen (Mitte) ca. 12–15 Min. goldbraun backen. Herausnehmen und abkühlen lassen.

WEIHNACHTS-PLÄTZCHEN

AB KLEINKINDALTER

FÜR 75 STÜCK • 40 MIN. ZUBEREITUNG • 12 STD. WARTEN • 20 MIN. BACKEN

150 g Soft-Apfelringe • 150 g Soft-Aprikosen • 2 Bio-Orangen • 4 Eier (M) • 140 g Vollkornmehl • 300 g gemahlene Haselnusskerne • 1 TL Ceylon-Zimtpulver

1 Die Apfelringe und die Aprikosen grob hacken. Die Orangen heiß waschen und abtrocknen, die Schale abreiben und ca. 130 ml Saft auspressen. Die Trockenfrüchte über Nacht im Orangensaft einweichen.

2 Am nächsten Tag Trockenfrüchte, Orangensaft und -schale möglichst fein pürieren (oder im Hochleistungsmixer zu einer feinen Paste mixen). Die Eier trennen und das Eiweiß steif schlagen.

3 Die Eigelbe unter die Fruchtmischung mischen, dann alles esslöffelweise zum Eischnee geben und vorsichtig unterheben. Das Mehl darüber sieben, Haselnüsse und Zimt zugeben und alles mischen.

4 Den Backofen auf 180° Umluft vorheizen. Mit leicht feuchten Händen je 1 TL Teig zu einer Kugel rollen und die Plätzchen mit etwas Abstand auf zwei mit Backpapier belegte Bleche legen. Im heißen Ofen (Mitte) ca. 20 Min. goldbraun backen, dabei nach Belieben nach der Hälfte der Zeit die Bleche tauschen. Herausnehmen und abkühlen lassen.

REGENBOGEN-BRÖTCHEN

AB BEIKOSTREIFE

FÜR 8 STÜCK
20 MIN. ZUBEREITUNG
20 MIN. BACKEN

4 Aufbackbrötchen (ohne Zucker)
8 EL Tomaten-Paprika-Mark (ersatzweise Tomatenmark)
80 g Parmesan
½ gelbe Paprika
½ rote Paprika
½ grüne Paprika
150 g TK-Blumenkohl

1 Die Brötchen halbieren und mit Tomaten-Paprika-Mark bestreichen. Den Parmesan fein reiben und darüber streuen. Die Paprika waschen, halbieren, von weißen Trennwänden und Kernen befreien und in feine Streifen schneiden.

2 Den Backofen auf 180° vorheizen und die Brötchenhälften auf ein mit Backpapier belegtes Backblech legen. Die Paprikastreifen als Regenbogen auf die Brötchen legen. Die Blumenkohlröschen an die Enden legen, sodass sie wie kleine Wolken aussehen. Dann die Brötchen 20–25 Min. im heißen Ofen (Mitte) backen. Herausnehmen und etwas abkühlen lassen.

TIPP: Noch nährstoffreicher wird das Ganze, wenn ihr anstelle der Brötchen 3 sehr große Kartoffeln nehmt und diese in 1 cm dicke Scheiben schneidet. Von beiden Seiten leicht mit Öl einpinseln und ca. 15 Min. im Ofen (Mitte) vorgaren, dann wie beschrieben zubereiten.

KNALLBONBONS

AB BEIKOSTREIFE

FÜR 16 STÜCK
20 MIN. ZUBEREITUNG
1 STD. KÜHLEN
15 MIN. BACKEN

300 g Mehl + mehr zum Arbeiten
200 g Kräuterfrischkäse
150 g Möhren
1 Knoblauchzehe
1 TL mildes Currypulver
½ edelsüßes TL Paprikapulver
75 g geriebener Käse
1 Ei (M)

1 Mehl, Frischkäse und 80 ml kaltes Wasser mit den Knethaken des Handrührgeräts zu einem homogenen Teig rühren. Leicht plattdrücken und in einer eckigen Dose luftdicht verpackt ca. 1 Std. im Kühlschrank fester werden lassen.

2 Inzwischen die Möhren putzen, schälen und möglichst fein reiben. Den Knoblauch schälen und pressen. Möhren und Knoblauch mit den Gewürzen und dem Käse mischen.

3 Den Ofen auf 180° vorheizen. Das Ei trennen und das Eiweiß unter die Möhren-Käse-Masse rühren. Das Eigelb verquirlen.

4 Den Teig halbieren und die Stücke nacheinander auf die leicht bemehlte Arbeitsfläche legen, mit Mehl bestäuben und mit leichtem Druck und zügigen Bewegungen auf ca. 32 × 20 cm ausrollen. Jeweils in 8 Rechtecke (10 × 8 cm) schneiden. 1 EL Füllung in die Mitte eines jeden Teigstückes geben. Die langen Seiten übereinander falten, den Teig hinter der Füllung leicht zusammendrücken und drehen, sodass eine Bonbonform entsteht.

5 Die Bonbons mit wenig Abstand auf ein mit Backpapier belegtes Blech legen, mit Eigelb bepinseln und im Ofen (Mitte) ca. 15 Min. goldbraun backen. Herausnehmen und vor dem Servieren gut abkühlen lassen.

KINDER-
GEBURTSTAG

ZUCKERFALLEN UND UNSERE ALTERNATIVEN

Zucker gehört wohl zu jedem Kindergeburtstag dazu, oder?! Ohne geht es nicht und schmeckt nicht? Lasst euch gern vom Gegenteil überzeugen: Wir wissen, dass auch zuckerfrei köstliche und bunte Geburtstagskuchen, Snacks und warme Mahlzeiten entstehen können. In diesem Kapitel erwarten euch 12 Rezepte, die euch zeigen, wie leicht und vor allem lecker Rezepte für die Geburtstagsfeier auch ohne Haushaltszucker umgesetzt werden können. Nicht nur Kuchen, Muffins und Co., auch beliebte Snacks haben wir zuckerfrei zubereitet.

KUNTERBUNTER GEBURTSTAGS-SPASS

Zuckerfrei bedeutet Verzicht und Farblosigkeit? Nicht bei uns! Teige bunt einzufärben gelingt auch mit natürlichen Zutaten sehr gut. Ihr könnt Teige beispielsweise mit Rote-Bete-Pulver, Spirulina oder Kurkuma bunt einfärben. Gerade helle Teige aus ausgemahlenen Mehlen nehmen Farbe besonders gut an. Auch Obstsäfte wie Apfel-, Orangen oder Traubensaft eignen sich, um Farbe ins Spiel zu bringen. Noch bunter wird es mit Gemüsesäften aus Rote Bete oder Tomaten. Alternativ könnt ihr Teige auch mit frisch püriertem Gemüse wie Spinat, Möhren oder Rote Bete einfärben.

GUSS FÜR MUFFINS UND KUCHEN

Statt einem Zuckerguss aus Puderzucker könnt ihr einfach Alternativen herstellen: Frischkäse oder eine Creme aus eingeweichten und pürierten Cashewkernen mit einem Schuss Zitronensaft können mit Frucht- oder Gemüsepulver eingefärbt werden und ergeben so ein leckeres und nährstoffreiches Frosting.
Wenn es eher schokoladig werden soll, könnt ihr geschmolzene Kakaobutter mit Rohkakao glattrühren. Alternativ Schokolade (100 %) schmelzen und pur oder mit Dattelsüße vermischt als Guss für Muffins, Kuchen und anderes Gebäck verwenden.
Sahne lässt sich statt mit Sahnesteif mit Speisestärke steif schlagen. Für einen Hauch Süße sorgt hier eine Messerspitze gemahlene Bourbon-Vanille.

STREUSEL

Wer auf bunte Toppings für Backwaren oder Eis nicht verzichten möchte, kann sich mit Zutaten aus dem Backregal helfen: Kokosraspel, fein gehackte Cashewkerne, gepuffter Quinoa oder Amaranth lassen sich ganz einfach einfärben. Dafür eignet sich Frucht- oder Gemüsepulver (Kurkuma, Spirulina, Rote-Bete-Pulver) sowie pulverisierte Trockenfrüchte sehr gut. Diese einfach mit etwas Wasser zu einem bunten Guss anrühren. Anschließend die trockenen Zutaten darin färben, auf Backpapier vollständig trocknen lassen und zum Dekorieren verwenden.

STATT LIMO UND KAKAO

Auch bei den Getränken könnt ihr immer auf zuckerärmere Alternativen zurückgreifen. Wie wäre es anstelle von Limonaden und Trinkpäckchen mit Infused Water – das macht vor allem aus großen Karaffen und bunten Gläsern mit Trinkhalmen einiges her. Dafür einfach stilles oder kohlensäurehaltiges Wasser einfüllen und mit bunten Eiswürfeln aufpeppen. Beson-

ders lecker sind welche aus püriertem Obst wie Mango, Ananas, Erdbeeren oder Melone. Alternativ könnt ihr ganze Beeren mit Wasser in Eiswürfelförmchen tiefkühlen.
Auch Kaba, Trinkschokolade und Vanillemilch könnt ihr durch selbstgemachte heiße Schokolade, Milch oder Pflanzenmilch mit gemahlener Bourbon-Vanille zubereiten.

WAS DAS BUNTE ANGEBOT ERGÄNZEN DARF

Auf dem Geburtstagstisch darf es neben Kuchen, Torte und Muffins auch andere süße und herzhafte Alternativen geben. Frisch aufgeschnittenes Obst, Beeren und Rohkost sorgen für Abwechslung und ein farbenfrohes und nährstoffreiches Angebot. Mit lustigen Ausstechern, etwa in Sternchen- oder Dinoform, vorbereitet und als Fruchtspieße angeboten, sind sie garantiert ein Hingucker.

ACHTUNG:
Auch typische Kindergeburtstagsessen können Zuckerfallen sein. So enthalten Chicken Nuggets, Tiefkühlpizza und Würstchen meist einen guten Teil zugesetzten Zucker. Als nährstoffreichere und zuckerärmere bzw. -freie Alternativen könnt ihr selbstgemachte Nuggets aus Haferflocken oder selbst belegte Pizzaschnecken anbieten.

SCHOKOKUCHEN MIT WEISSEN BOHNEN

AB BEIKOSTREIFE

FÜR 1 KUCHEN • 10 MIN. ZUBEREITUNG • 35 MIN. BACKEN

1 Glas weiße Bohnen (220 g Abtropfgewicht) • 1 Banane • 100 g zarte Haferflocken • 6 Soft-Datteln • 40 g Kakaopulver • 100 ml Haferdrink (ohne Zucker) • 25 g Cashewmus • 75 g dunkle Schokolade (100 %) • 1 EL weißes Mandelmus • 1 TL Dattelsüße • 1 Kastenform (25 cm) • Fett für die Form

1 Den Ofen auf 180° vorheizen. Eine Kastenform gut einfetten.

2 Die Bohnen in ein Sieb abgießen, abspülen und abtropfen lassen. Die Banane schälen und in grobe Stücke brechen. Bohnen und Banane mit Haferflocken, Datteln, Kakao, Haferdrink und Cashewmus in einen Hochleistungsmixer geben. Pulsierend zu einem zähen Teig pürieren. Diesen in die Form füllen.

3 Jetzt den Kuchen im heißen Ofen (Mitte) ca. 35 Min. backen, dann herausnehmen und ca. 30 Min. ruhen lassen. Anschließend vorsichtig aus der Form lösen und auf einem Gitter vollständig abkühlen lassen.

4 Die Schokolade und das Mandelmus im Wasserbad schmelzen. Die Dattelsüße gründlich unterrühren. Die Glasur über den abgekühlten Kuchen geben und fest werden lassen.

TIPP: Glutenfrei wird der Kuchen, wenn du glutenfreie Haferflocken verwendest.

APRIKOSEN-VANILLE-TÖRTCHEN

AB KLEINKINDALTER

FÜR 6 STÜCK • 15 MIN. ZUBEREITUNG • 25 MIN. BACKEN

1 Packung TK-Blätterteig (ohne Zucker) • 200 ml Sojadrink • 30 g Speisestärke • ¼ TL gemahlene Bourbon-Vanille • 1 kleine Dose Kokosmilch (200 g) • 6 Aprikosen • 2 EL Kokosraspeln • 6er-Muffinblech

1 Die Blätterteigplatten nebeneinander auf die Arbeitsplatte legen und kurz antauen lassen.

2 Für den Pudding 50 ml Sojadrink mit Speisestärke und Vanille glattrühren. Die restlichen 150 ml Sojadrink und die Kokosmilch in einen kleinen Topf geben und aufkochen. Sojadrink-Speisestärke-Mischung mit einem Schneebesen in den heißen Sojadrink einrühren, alles einmal aufkochen und andicken lassen. Dann vom Herd nehmen.

3 Den Ofen auf 180° vorheizen. Die Aprikosen waschen, halbieren, entsteinen und in dünne Spalten schneiden. Je eine Blätterteigplatte in eine Mulde des Muffinblechs legen, dabei den Teig etwas überlappen lassen. Je 2 geh. EL Pudding in eine Mulde einfüllen, je 1 Aprikose leicht aufgefächert darauflegen.

4 Die Törtchen im heißen Ofen (Mitte) ca. 20 Min. backen. Dann mit den Kokosraspeln bestreuen und weitere 5 Min. backen. Anschließend herausnehmen und ca. 20 Min. abkühlen lassen, damit der Pudding fest werden kann. Anschließend servieren.

BUNTE TORTE

AB BEIKOSTREIFE

FÜR 1 TORTE
1 STD. 30 MIN. ZUBEREITUNG
28 MIN. BACKEN
2 STD. KÜHLEN

4 Eier (M; Zimmertemperatur)
160 g Mehl
3 TL Weinstein-Backpulver
15 g Speisestärke
20 g Dattelsüße (nach Belieben)
400 g Frischkäse
200 g Sahne
1 Mango
200 g Erdbeeren
15 g Mango-Fruchtchips
15 g Erdbeer-Fruchtchips
15 g Blaubeer-Fruchtchips

Außerdem:
1 Kastenform (25 cm)
Fett + Mehl für die Form

1 Den Backofen auf 160° vorheizen. Die Kastenform mit Butter einfetten und mit Mehl ausstäuben.

2 Für den ersten Boden 3 Eier in der Küchenmaschine auf höchster Stufe ca. 7 Min. aufschlagen, dann auf mittlerer Stufe ca. 3 Min. weiterrühren. 100 g Mehl, 2 TL Backpulver, 10 g Stärke und 10 g Dattelsüße mischen. Die Hälfte der Mehlmischung auf die Eier sieben und ganz vorsichtig unterheben, dann die zweite Hälfte daraufsieben und unterheben. Den Teig in die Form füllen und glatt streichen. Im heißen Ofen (Mitte) 14–16 Min. backen, bis der Kuchen leicht bräunt. Herausnehmen, kurz abkühlen lassen und auf ein Gitter stürzen. Komplett erkalten lassen.

3 Inzwischen aus den restlichen 60 g Mehl, 1 TL Backpulver, 5 g Stärke und 10 g Dattelsüße den zweiten Boden herstellen, backen und ebenfalls gut auskühlen lassen.

4 Für die Creme den Frischkäse mit einem Schneebesen glatt rühren. Die Sahne steif schlagen und unterrühren, dann die Masse kalt stellen. Die Mango schälen, das Fruchtfleisch vom Kern schneiden und in 0,5 cm dicke Scheiben schneiden. Die Erdbeeren waschen, entkelchen, 6–7 Stück für die Deko zur Seite legen. Den Rest in 0,5 cm dicke Scheiben schneiden.

5 Den ersten Boden dünn mit der Creme bestreichen und mit Mango und Erdbeeren belegen. Dann den zweiten Boden daraufsetzen und den Kuchen oben sowie an den Seiten mit der restlichen Creme einstreichen.

6 Die Fruchtchips nach Belieben ganz lassen oder nacheinander in einem Mixer fein mahlen. Den Kuchen mit den Fruchtchips und den restlichen Erdbeeren hübsch dekorieren.

7 Die Torte vor dem Servieren ca. 2 Std. kühlen.

TÖRTCHEN MIT 4 VARIANTEN

AB BEIKOSTREIFE

FÜR 12 STÜCK • 25 MIN. ZUBEREITUNG • 25 MIN BACKEN

300 g Mehl • 200 g gemahlene Walnusskerne • 1 TL Weinstein-Backpulver • 5 Soft-Datteln (entsteint) • 60 ml Haferdrink (ohne Zucker) • 60 ml neutrales Öl • 2 Eier (M) • 12er-Muffinblech • 12 Papier-Muffinförmchen

1 Den Backofen auf 180° vorheizen. Mehl, gemahlene Nüsse und Backpulver in einer Schüssel mischen. Die Datteln grob hacken und zusammen mit dem Haferdrink fein pürieren. Das Öl und die Eier untermischen. Dann die feuchten und die trockenen Zutaten zügig verrühren.

2 Ein Muffinblech mit Papierförmchen auslegen, den Teig gleichmäßig auf die Mulden verteilen. Die Törtchen im heißen Ofen (Mitte) ca. 25 Min. backen. Inzwischen das Topping nach Geschmack zubereiten.

3 Wenn die Törtchen goldbraun sind, herausnehmen und komplett abkühlen lassen. Dann das Topping aufbringen und die Törtchen servieren.

Schokofrosting

1 reife Avocado
3 Soft-Datteln
1 EL Kakaopulver
12 Bananenchips

Die Avocado schälen, halbieren, entkernen und das Fruchtfleisch mit einem Löffel herauslösen. Mit den Datteln und dem Kakao fein pürieren.

Das Frosting mit einer Spritztülle auf die Törtchen spritzen und mit je 1 Bananenchip dekorieren.

Gewürzsahne

200 g Sahne
1 TL Spekulatiusgewürz
6 Weihnachtskekse (ohne Zucker)

Die Sahne sehr steif schlagen, ¾ des Spekulatiusgewürzes unterheben und auf die Törtchen spritzen. Das restliche Spekulatiusgewürz darüber stäuben.

Die Weihnachtskekse in der Mitte teilen und je ½ Keks in das Sahnetopping stecken.

Zitronencreme

1 Bio-Zitrone
120 g Frischkäse
120 g Mascarpone
½ TL gemahlene Bourbon-Vanille

Die Zitrone heiß waschen und abtrocknen. 1 EL Saft auspressen, etwas Schale fein abreiben. Nach Belieben einige Zesten für die Deko abziehen. Frischkäse und Mascarpone mit dem Schneebesen kurz aufschlagen. Zitronensaft, Zitronenschale sowie Vanille untermischen.

Die Creme auf die Törtchen spritzen. Für die Großen nach Belieben mit den Zitronenzesten dekorieren.

Frischkäsefrosting

125 g Himbeeren
120 g Frischkäse
1 EL Speisestärke
1 EL Dattelsüße

Die Himbeeren waschen, verlesen und sehr gut trocken tupfen. 12 Himbeeren zur Seite legen, den Rest zügig mit Frischkäse, Stärke und Dattelsüße pürieren und für ca. 1 Std. in den Kühlschrank stellen.

Die Creme auf die Törtchen spritzen und mit je 1 Himbeere dekorieren.

WACKELPUDDING

FÜR KLEINKINDER

FÜR 4 PORTIONEN • 15 MIN. ZUBEREITUNG • 3 STD. WARTEN

200 ml roter Traubensaft (Direktsaft, ersatzweise Smoothie, Beeren- oder Apfelsaft) • 2 g Agar-Agar • 300 ml Sojadrink • 12 g Speisestärke • ½ TL gemahlene Bourbon Vanille

1 Den Fruchtsaft mit 200 ml Wasser in einen kleinen Topf geben. Das Agar-Agar mit einem Schneebesen einrühren. Alles zum Kochen bringen und ca. 5 Min. bei mittlerer Hitze sanft köcheln lassen, dabei gründlich rühren.

2 Die Masse auf 4 Gläser verteilen, abkühlen lassen und ca. 3 Std. (oder über Nacht) im Kühlschrank fest werden lassen.

3 Für die Vanillesauce 50 ml Sojadrink in einen kleinen Becher geben. Speisestärke und Vanille dazugeben und glattrühren. Die restlichen 250 ml Sojadrink in einem kleinen Topf aufkochen. Die Speisestärke-Mischung mit einem Schneebesen unterrühren, dann alles bei sehr kleiner Hitze ca. 3 Min. unter ständigem Rühren andicken lassen.

4 Die Sauce noch warm über den Pudding geben und servieren.

INFO: Nicht wundern, im Unterschied zu Gelatine geliert Agar-Agar erst beim Abkühlen!

REGENBOGENEIS

AB BEIKOSTREIFE

FÜR 6 PORTIONEN • 5 MIN. ZUBEREITUNG

1 Kiwi • 80 g Heidelbeeren • 80 g Wassermelone • 80 g Mango • 6 Eisförmchen (à 60 ml)

1 Die Kiwi schälen und fein pürieren. Das Püree auf die Förmchen verteilen. Die Heidelbeeren waschen und pürieren, auf dem Kiwipüree verteilen. Die Wassermelone halbieren, das Fruchtfleisch aus der Schale schneiden und fein pürieren. Das Melonenpüree in die Förmchen geben. Die Mango schälen, das Fruchtfleisch vom Kern schneiden und ebenfalls fein pürieren. Das Mangopüree in die Förmchen geben.

2 Die Eisförmchen schließen und mind. 4 Std. tiefkühlen. Zum Servieren das Stieleis vorsichtig aus der Form lösen.

TIPP: Bei größeren Eisförmchen einfach die Obstmenge erhöhen und mehr Schichten einfüllen.

SÜSSE SOMMER-ROLLEN

AB KLEINKINDALTER

FÜR 10 STÜCK • 30 MIN. ZUBEREITUNG • 30 MIN. WARTEN

500 ml Milch • 2 TL Butter • 70 g Dinkelgrieß • 1 Mango • 200 g Himbeeren • 10 Blätter Reispapier

1 Die Milch mit der Butter in einem kleinen hohen Topf erhitzen. Den Grieß unter Rühren mit einem Schneebesen einrieseln lassen. Alles unter ständigem Rühren aufkochen, dann bei kleiner Hitze ca. 4 Min. sanft köcheln lassen. Die Platte ausschalten und den Grießbrei ca. 30 Min. ausquellen lassen, dabei gelegentlich umrühren.

2 Inzwischen die Mango schälen, das Fruchtfleisch vom Stein schneiden und in 1 cm dicke und 1 cm breite Streifen schneiden. Die Himbeeren waschen und verlesen.

3 Zum Füllen der Rollen etwas Wasser in einen tiefen Teller füllen. Ein Reispapier für wenige Sekunden eintauchen, auf einen Teller oder ein Brett legen und mittig erst mit Mango und Beeren, dann mit 1 bis 2 EL Grießbrei füllen. Je das obere und untere Ende umschlagen und das Reispapier fest um die Füllung rollen.

PARMESAN-ZUCCHINI-POMMES

AB BEIKOSTREIFE

FÜR 2 ERWACHSENE UND 1 BABY • 20 MIN. ZUBEREITUNG • 25 MIN. BACKEN

3 Zucchini • 2 Eier (M) • ½ TL Knoblauchpulver • ½ TL edelsüßes Paprikapulver • 50 g Parmesan • 100 g Panko (asiat. Semmelbrösel)

1 Die Zucchini waschen, putzen und in 1 cm dicke und 7 cm lange Sticks schneiden. Die Eier in einer Schale verquirlen und mit Knoblauch und Paprika würzen. Den Parmesan fein reiben. Parmesan und Panko auf einem flachen Teller verteilen.

2 Den Backofen auf 220° vorheizen. Die Zucchinisticks zunächst in Ei, dann in der Panko-Parmesan-Mischung wenden und auf einem mit Backpapier belegten Backblech verteilen. Im heißen Ofen (Mitte) ca. 25 Min. backen. Dann herausnehmen und etwas abkühlen lassen.

TIPP: Die Zucchini können auch vegan paniert werden. Dafür 100 g Mehl mit 60 g Wasser oder Pflanzendrink glattrühren und würzen. Die Zucchinisticks zunächst darin, dann in einer Mischung aus Panko und Hefeflocken wenden.

EXOTISCHES FRUCHTEIS

AB BEIKOSTREIFE

1 Die Limette heiß waschen, abtrocknen und die Schale fein abreiben. Den Saft auspressen. Die Mango schälen, das Fruchtfleisch vom Kern schneiden und grob würfeln. Die Papaya halbieren, entkernen und das Fruchtfleisch aus der Schale löffeln.

2 Das Obst mit der Kokosmilch fein pürieren, die Kokosraspel untermischen. Die Masse in die Eismaschine füllen und in ca. 1 Std. zu einem cremigen Eis rühren

FÜR 12 PORTIONEN
15 MIN. ZUBEREITUNG
1 STD. WARTEN

1 Bio-Limette
1 reife Mango
1 reife Papaya
1 kleine Dose Kokosmilch (200 g)
50 g Kokosraspel

Außerdem:
Eismaschine

TIPP: Alternativ die Masse in 12 Eisförmchen à ca. 60 ml tiefkühlen und als Eis am Stiel anbieten.

BUNTER GEMÜSEZUG

AB KLEINKINDALTER

1 Die Paprika waschen. Für den ersten Zug die Paprika auf die Seite legen und ein großes Rechteck ausschneiden. Die zweite und dritte Paprika auf die Seite legen und eine ca. 2 cm dicke Scheibe abschneiden. Bei der vierten Paprika den Deckel abschneiden. Bei allen Paprika die Kerne entfernen. Die Paprika-Ausschnitte in dünne Stifte schneiden.

2 Die Gurke waschen, putzen und eine Hälfte in dünne Scheiben schneiden. Diese mit Zahnstochern als Räder an den Paprikawaggons befestigen. Die restliche Gurke in dünne Sticks schneiden. Die Tomaten waschen.

3 Paprika- und Gurkensticks sowie Tomaten auf die Zugteile verteilen, einen Waggon mit Hummus füllen.

FÜR 1 PARTYZUG
30 MIN. ZUBEREITUNG

4 bunte Paprika
250 g Cocktailtomaten
½ Salatgurke
200 g Hummus (ohne Zucker)
Zahnstocher

TIPP: Je nach Alter der Kinder könnt ihr die Waggons auch mit Rohkost oder anderen Dips füllen. Auch Grissini und Brezelchen sind tolle Füllungen, allerdings weichen sie schnell auf.

PAPRIKA-PIZZA-SCHNECKEN

AB BEIKOSTREIFE

FÜR 16 STÜCK
40 MIN. ZUBEREITUNG
20 MIN. BACKEN

500 g Pizzamehl (Type 00)
½ Würfel Hefe (21 g)
1 EL Olivenöl
2 Knoblauchzehen
400 g passierte Tomaten
1 TL getrockneter Oregano
1 TL getrockneter Thymian
2 rote Spitzpaprika
100 g geriebener Gouda

1 Für den Hefeteig Mehl in eine Schüssel geben und eine kleine Mulde formen. Hefe, 270 ml lauwarmes Wasser sowie Olivenöl zugeben und ca. 5 Min. stehen lassen. Dann mit den Knethaken des Handrührgeräts ca. 4 Min. zu einem homogenen Teig kneten. Abgedeckt an einem warmen Ort ca. 1 Std. gehen lassen.

2 Inzwischen für die Füllung den Knoblauch schälen und pressen. In einer kleinen Schüssel mit passierten Tomaten, Oregano und Thymian mischen. Die Paprika waschen, halbieren, weiße Trennwände und Kerne entfernen. Das Fruchtfleisch klein würfeln.

3 Den Backofen auf 200° Umluft vorheizen und zwei Backbleche mit Backpapier belegen. Den Hefeteig auf einer bemehlten Arbeitsfläche 35 × 50 cm groß ausrollen. Die Tomatensauce darauf verteilen, dabei einen 1 cm breiten Rand lassen. Paprika und Gouda darauf verteilen und von der langen Seite fest aufrollen. Die Teigrolle in 3 cm dicke Schnecken schneiden und diese mit der Schnittkante nach oben auf die Backbleche legen. Im heißen Ofen (Mitte) ca. 20 Min. backen, dabei nach ca. 10 Min. die Bleche tauschen. Herausnehmen und abkühlen lassen.

NO CHICKEN NUGGETS

FÜR KLEINKINDER

FÜR 20 STÜCK
40 MIN. ZUBEREITUNG
1 STD. KÜHLEN
30 MIN. BACKEN

Für die Nuggets:
300 ml Sojadrink + etwas mehr
1 EL Tomatenmark
2 TL Senf
1 TL Knoblauchpulver
1 EL Hähnchengewürz
350 g zarte Haferflocken
2 EL neutrales Öl
150 g Cornflakes (zuckerfrei)

Für die Süßkartoffelpommes:
1 kg Süßkartoffeln
4 EL neutrales Öl
½ EL mildes Currypulver
1 TL edelsüßes Paprikapulver

1 Den Sojadrink in einer Schüssel mit Tomatenmark, Senf, Knoblauchpulver und Hähnchengewürzmischung glattrühren. Die Haferflocken dazu geben und alles sehr gut vermischen. Für 1 Std. abgedeckt im Kühlschrank ruhen lassen.

2 Zwei Backbleche mit Backpapier auslegen. Eines mit 1 EL Öl dünn einpinseln.

3 Für die Pommes die Süßkartoffeln schälen, putzen und in längliche Sticks schneiden. In einer Schüssel mit Öl, Curry- und Paprikapulver mischen, auf das nicht eingeölte Blech geben und gleichmäßig verteilen.

4 Den Ofen auf 175° (Umluft) vorheizen. Die Cornflakes in ein Küchenhandtuch geben, einfalten, mit einem Nudelholz zerkleinern und in einen tiefen Teller geben. Einen Schuss Sojadrink in einen tiefen Teller geben.

5 Aus je 1 EL Teig Nuggets formen. Diese erst in Sojadrink, dann mit leichtem Druck in den Cornflakes wenden. Mit wenig Abstand aufs Blech legen und mit dem übrigen Öl einpinseln.

6 Im heißen Ofen (Mitte) ca. 30 Min. goldbraun backen lassen, dabei nach ca. 18 Min. vorsichtig wenden. Herausnehmen und mit selbstgemachtem Ketchup servieren.

TIPP: Wer die Nuggets in lustige Formen wie Herzen, Sterne oder Dinos bringen möchte, kann den Teig nach dem Kühlen zwischen zwei Lagen Backpapier vorsichtig ca. 1,5 cm dick ausrollen und ausstechen. Vor dem Panieren für 20 Min. in den Tiefkühler legen.

REGISTER

VEGANE REZEPTE

GLUTENFREIE REZEPTE

LIEBE LESERINNEN UND LESER,

wir wollen Ihnen mit diesem Buch Informationen und Anregungen geben, um Ihnen das Leben zu erleichtern oder Sie zu inspirieren, Neues auszuprobieren. Wir achten bei der Erstellung unserer Bücher auf Aktualität und stellen höchste Ansprüche an Inhalt und Gestaltung. Alle Anleitungen und Rezepte werden von unseren Autoren, jeweils Experten auf ihren Gebieten, gewissenhaft erstellt und von unseren Redakteur*innen mit größter Sorgfalt ausgewählt und geprüft.

Haben wir Ihre Erwartungen erfüllt? Sind Sie mit diesem Buch und seinen Inhalten zufrieden? Wir freuen uns auf Ihre Rückmeldung. Und wir freuen uns, wenn Sie diesen Titel weiterempfehlen, in Ihrem Freundeskreis oder bei Ihrem Online-Kauf.

Sollten wir Ihre Erwartungen so gar nicht erfüllt haben, tauschen wir Ihnen Ihr Buch jederzeit gegen ein gleichwertiges zum gleichen oder ähnlichen Thema um.

KONTAKT ZUM LESERSERVICE

GRÄFE UND UNZER VERLAG
Grillparzerstraße 12
81675 München
www.gu.de

GRÄFE UND UNZER

Ein Unternehmen der
GANSKE VERLAGSGRUPPE

IMPRESSUM

GU ist eine eingetragene Marke der GRÄFE UND UNZER VERLAG GmbH, www.gu.de

ISBN 978-3-8338-9276-9
1. Auflage 2024

Projektleitung: Monika Greiner
Lektorat: Melanie Haizmann
Korrektorat: Anne-Sophie Zähringer
Bildredaktion: Nele Schneidewind
Umschlaggestaltung und Layout: ki36, Sabine Krohberger, München
Herstellung: Chiara Knell
Satz: Longo AG, Bozen
Reproduktion: Longo AG, Bozen
Druck und Bindung: Firmengruppe APPL, aprinta druck, Wemding

BACKOFENHINWEIS:

Die Backzeiten können je nach Herd variieren. Die Temperaturangaben in unseren Rezepten beziehen sich auf das Backen im Elektroherd mit Ober- und Unterhitze und können bei Gasherden oder Backen mit Umluft abweichen. Details entnimmst du bitte der Gebrauchsanweisung deines Herdes.

UMWELTHINWEIS:

Nachhaltigkeit ist uns sehr wichtig. Der Rohstoff Papier ist in der Buchproduktion hierfür von entscheidender Bedeutung. Daher ist dieses Buch auf PEFC-zertifiziertem Papier gedruckt. PEFC garantiert, dass ökologische, soziale und ökonomische Aspekte in der Verarbeitungskette unabhängig überwacht werden und lückenlos nachvollziehbar sind. Die GU-Homepage findest du unter www.gu.de

BILDNACHWEIS:

Alle Bilder inklusive Cover: Meike Bergmann/Stockfood Studios, außer: S. 4: Sabrina Sue Daniels, S. 5: Andrea Mühleck, S. 8: shutterstock, S. 11: Stocksy, S. 12 und S. 15: Seasons agency Bildagentur Image Professionals GmbH, Tumblingerstr. 32, 80337 München www.imageprofessionals.com

WICHTIGER HINWEIS:

Die Gedanken, Methoden und Anregungen in diesem Buch stellen die Meinung bzw. Erfahrung der Autorinnen dar. Sie wurden von ihnen nach bestem Wissen erstellt und mit größtmöglicher Sorgfalt geprüft. Sie bieten jedoch keinen Ersatz für persönlichen kompetenten medizinischen Rat. Jede Leserin, jeder Leser ist für das eigene Tun und Lassen auch weiterhin selbst verantwortlich. Weder Autorinnen noch Verlag können für eventuelle Nachteile oder Schäden, die aus den im Buch gegebenen praktischen Hinweisen resultieren, eine Haftung übernehmen.